2025年度版

公務員試験 面接の秘伝

TAC公務員講座講師
山下純一

TAC出版
TAC PUBLISHING Group

はじめに

こんにちは。山ちゃんことTAC公務員講座の山下です。

私は、これまでにたくさんの公務員試験合格者の面接のお手伝いをしてきました。その際、最も留意したのが、その人の持つ良さをどうやって面接で出していくか、ということです。このような指導を経て得られた「秘伝」を、私が直接に指導できない人にも役立ててほしいとの思いから、本書を通じて公開しようということになりました。

本書を書くにあたっては、受験生の方の負担を減らすため、採用を勝ち取るために必要なことだけを最小限に、かつコンパクトに語っていくことを主眼にしました。そのため、イラストや図を適宜入れ、より見やすいレイアウトを心がけました。

また、なかなか入手しにくい面接試験・官庁訪問に関するホットな情報や、TACが保有する豊富なデータの蓄積もベースにして、2024年試験を突破し、採用を勝ち取るための一冊に仕上げました。

本書が、私、山ちゃんの分身として、皆さんの2024年試験受験生のサポーターとなることを希(こいねが)っています。

2024年1月　山下純一

本 書 の 使 い 方

本書は、国家一般職、地方上級レベルの公務員試験における、面接試験・官庁訪問対策を扱っています。以下の表で、皆さんが受験される試験種をご確認ください。

<table>
<tr><th></th><th></th><th></th><th>個別面接</th><th>集団面接</th><th>集団討論</th></tr>
<tr><td rowspan="5">国家公務員</td><td rowspan="2">国家一般職</td><td>官庁訪問</td><td>○</td><td>△</td><td>▲</td></tr>
<tr><td rowspan="2">人事院による
２次試験</td><td rowspan="2">○</td><td rowspan="2">×</td><td rowspan="2">×</td></tr>
<tr><td>国税専門官</td></tr>
<tr><td>裁判所職員一般職</td><td>２次試験</td><td>○</td><td>×</td><td>×</td></tr>
<tr><td>その他専門職</td><td>２次試験</td><td>○</td><td>△</td><td>△</td></tr>
<tr><td>地方公務員</td><td>各自治体上級</td><td>２次試験</td><td>○</td><td>△</td><td>△</td></tr>
</table>

○：基本的に実施される　　△：各試験種によって実施される
▲：似た形式が取られる場合がある　　×：基本的に実施されない

◎ 国家一般職を受験される方

➡本書すべてをお読みください。

◎ 国家一般職を受験されない方

➡第４章の官庁訪問の内容は、とばして読んでいただいてもけっこうです。

➡第２章６の集団面接、第３章の集団討論に関しては、皆さんが受験される試験種の試験概要をよくご覧になり、不要と思われる場合は、とばしていただいてもけっこうです。

本書内では、試験年度を「実施年」で表しています。

- 2024年試験 → 2024年夏～秋に実施予定の試験
- 2023年試験 → 2023年夏～秋に実施ずみの試験

CONTENTS

山ちゃんの「コア」が見つかる面接相談室

第1章
公務員になる君たちへ 山ちゃんがまず伝えたいこと

Section 1

面接試験はなぜ課せられるのか

面接試験は「仕事仲間」を選別する試験

面接試験は、人物試験とも呼ばれますが、はたしてどのような観点から導入されているのでしょうか？　その答えは、ズバリ、「仕事仲間としてふさわしいか」という観点にほかなりません。公務員は、一人の人間のがんばりで業務を完遂していくというよりも、チーム一丸となって仕事をしていくことが多い職業です。１次試験で知識面・処理能力面でのスクリーニングは終わっているので、あとはこの「仕事仲間としてふさわしいか」という点のチェックが必要なのです。

では、その「仕事仲間」に要求されるものとは何なのでしょう？　それは、①人柄、②コミュニケーション能力、③将来に対する意識です。「あの人…仕事はデキルかもしれないけれど…」このような人と一緒に仕事をしたいですか？　嫌ですよね。また意思疎通が十分に図れない人と仕事をすると不安になりませんか？　不安ですよね。そして、やはり一緒に仕事をするのならば、目的意識をしっかりと持っている人とやりたいですよね。パートナ

一の適切なやる気は、一緒に仕事をする人にとってもモチベーションを上げてくれるものですからね。

このうち、②コミュニケーション能力は、いわゆる「話し上手」ということではありません。たとえ口下手であっても、面接官の意図を汲んで答える能力が、ここでいうコミュニケーション能力です。①人柄と、③将来に対する意識を、面接官の意図を汲んで回答の中で出していくことができれば、合格ということになるのです。

民間企業の面接とはどこが違うのか？

上でお話ししたことだけをみると、面接試験で要求されるもの自体に、公務員試験と民間企業の試験に差があるようには思えません。しかし、その選抜のやり方に大きな差があるのです。民間企業の試験は、場合によっては数千名の応募者の中から数名が「選ばれる」試験です。必然的に、その選抜方法は「よい人材をピックアップする」というものになります。

これに対し、公務員試験では若干の例外を除いては、やはり「ダメな人を落とす」試験なのです（面接試験が「民間並みに」厳しいとされる横浜市でも、面接試験の倍率は２次、３次を通じても３倍まで達することはありません）。

このことをキチンと理解したうえで、面接試験対策をしていくことが大切です。

面接試験のウエイト

では、面接試験での評価は、どのくらいの割合を占めているのでしょうか？　地方公務員では、道府県庁や政令指定都市では配点が公表されており、その一部を挙げますと、次の表のように、いずれもかなりのウエイトを占めていることがわかります。たとえば長野県では、ペーパーテストの1200点は１次試験の合否判定にのみ用いられ、論文試験の300点と口述試験（面接試験）の900点の、計1200点満点で最終合格が決定されます。また、岡山県では、口述試験①②という２つの面接試験のみで最終合格が決定されます。

自治体	青森県	福島県	栃木県	長野県
面接の配点／総合点	150／300	250／460	350／500	900／1200

自治体	三重県	兵庫県	鳥取県	岡山県
面接の配点／総合点	300／600	750／900	600／1030	550／550

自治体	高知県	佐賀県	長崎県	熊本県
面接の配点／総合点	150／300	300／620	600／780	500／990

自治体	横浜市	名古屋市
面接の配点／総合点	630／660	1200／3000

また、国家公務員ですと、次の表のようになっています。

	面接の配点／総合点
国家一般職	222／1000（２／９）※
国税専門官	222／1000（２／９）※
裁判所職員一般職	４／10

※理論上の配点（標準点はおおむね1000点満点とされる）

国家一般職では、人物試験、すなわち面接試験の配点が９分の２となっています。ここには、人物も重視していこうという近年の公務員試験の方向性が感じられます。また、国税専門官でも同様の配点ですが、国税専門官としてやっていくための意識や、あとで述べる、使命感や正義感を問うには十分な配点と思われます。

これらにも増して、裁判所職員一般職では、非常に大きなウエイトを占めていることがよくわかりますね。

面接試験でチェックされるポイント

● 人柄を探る

面接試験では、「素を出すことが大切だ」といわれます。それは、まさに「人柄」を探る試験であることからいわれるものなのです。本番の試験でも「今日の面接はあなたの人柄をみるためのものですから…」と前置きして始める面接官もいるくらいです。

人には、すべてそれぞれ異なった個性があり、異なった良さがあるものです。その良さをみたいということから、さまざまな質問がなされます。「これまでがんばったこと」や「友人間での役割」などの「これまでのあなた」に関する質問は、この観点からされるものです。

面接官がこのような「人柄」に関する質問をしてきたら、皆さんは「自分の強み」を意識して回答をしていけばいいのです。これについては、第２章でくわしく説明します。

● コミュニケーション能力を探る

「仕事仲間としてふさわしいか」には、キチンとコミュニケーションが取れるかどうかもポイントになります。

しかし面接時間は、長くても30分、短いと15分と限られたものです。したがって、面接官はなるべく多くの質問をして、そのうえで「仕事仲間」としてふさわしい人物かを判定しなければなりません。そこで、面接官の意図を汲んでその意図に応じた答えを述べる、というコミュニケーション能力が要求されます。面接官の関心に的確に対応して、言葉のキャッチボールがどれだけできるのか、が評価対象となるわけです。

●「将来に対する意識」を探る

「将来に対する意識」は、近年の公務員試験、とくに地方公務員で要求されるようになったものです。

たとえば東京都などは、「東京都に入ることが目的ではなく、東京都に入って何をしたいのか。これを明確に持って志望してほしい」と「将来に対する意識」が重要であることを明言しています。実際、「東京都に採用されることがゴール」と考えていることがうかがわれる受験生は、たいていは不合格に終わっています。

この「意識」は「知識」ではありません。この点を勘違いしている受験生もたまにみかけます。政策に関する情報を集め、「にわか仕込みの政策通」になっている受験生です。このような頭でっかちな受験生は、採用されません。その政策の先にあるものを自分なりの頭で考えようとする意識こそが重要なのです。そして、知識は、そのような意識に支えられてこそ評価対象となるものです。

このような「将来に対する意識」に関する質問をされたら、皆さんは「自分の公務員の理想像」をベースに語ればいいのです。こちらも、第２章でくわしく解説します。

○「仕事仲間」として ふさわしい人になるために

では、あなたが「仕事仲間」としてふさわしい人と判定されるためにまず大切なものは何でしょうか？

それは、あなた自身が面接官に「仲間」として認めてもらおうという気持ちです。「仕事仲間」になるためには、まずは面接官に「仲間」だと認めてもらわなければなりません。まずはその気持ちをしっかりと持ってください。受験生の中には、面接官を戦いの相手と勘違いして「何を聞かれても負けないぞ！」と意気込んでいる人や、「何を聞かれるか怖い」と、まるで面接官を閻魔大王のように考えておびえている人もいます。

しかし、これでは、「仲間」として認めてもらえるはずがありません。面接官に「仲間」として認めてもらおうという気持ちを持って、第２章の面接対策に取り組んでもらいたいと思います。

さらに、これは人柄に関することですが、私が接している受講生の一部に、「品格＝人柄」を疑わせるような若者が最近増えてきました。講義に平気で遅刻する、講義中に中座する、私語するなどです。１対１ではできないことが集団の中だとできるというのはおかしな話です。皆さんの中で心当たりのある方は、「叱られる」からではなく「そのように他人に不快な思いをさせる自分が恥だ」という意識を持ってください。普段からそのような配慮をすることが、面接試験での人柄となって必ず表れるはずです。

官庁訪問について

官庁訪問の流れや実際については第４章に譲るとして、ここでは何を用意しておくかについて述べておきます。

実は国家の省庁には、それぞれの省庁のカラーがあります。こればかりは、説明会などに出席してもらって皆さんにそれを感じていただくしかありませんが、たとえば経済産業省には経済産業省の、農林水産省には農林水産省のカラーがあります。このカラーに合っているかどうかも、皆さんの採否を決めるポイントの１つです。言い換えると、前の項でお話しした「仕事仲間」という観点がさらに大きなポイントとなります。もちろん皆さんがその省庁で働きたいという気持ちも大切ですが、自分がはたしてそのカラーに合っているかどうかの確認も必要です。これを確かめる方法は志望する省庁の説明会に何度も足を運ぶことしかありません。そこで、自分と同じような考えを持っている職員がいればOKです。事前の準備の１つとして、この確認作業も行っておいてほしいところです。

専門性の強い公務員の面接試験のチェックポイント

専門性の強い公務員として、国税専門官と裁判所職員があります。これまでの私の指導結果からみて、これらの試験を突破するには、以下のポイントが必要です。

● 国税専門官

国税専門官という仕事は、納税者との関係をいかにして作っていくかというところにポイントがあります。しかも相手は、素直に税金を納付しない人、さらに悪質なことに税金をごまかすことくらい当たり前だと考えているツワモノもいます。時には「馬鹿野郎」「税金泥棒」（どちらがだ！ と叫びたくなりますよね）などという罵声を浴びせられることもあるそうです。そのようなときも、表情を変えずに職務を遂行しなければなりません。

そんななか、そこに必要とされるのは、職務に対する使命感や不正は許さないという正義感なのです。面接試験では、まさにそこが問われます。「よき納税者を一人でも作っていきたい」という使命感を持って臨みたいところです。

● 裁判所職員一般職

前述のように、裁判所職員の試験では面接のウエイトが非常に大きくなっています。これは、裁判所事務官から裁判所書記官へ、というステップアップに対するいわば「伸びしろ」をみているものと考えられます。

裁判所事務官は、法律の世界にどっぷりとつかり、さらに法律の勉強を続けて書記官になるという道が開けています。その道で要求されるのは、これからも勉強し続けることによる成長の可能性と、その潜在能力を支える意識ではないかと思われます。

裁判所事務官の仕事内容を知るだけではなく、これからもたゆまぬ努力を続けて伸び続けたいという意識を持って、面接試験に臨みたいところです。

Section 2

2023年面接試験の傾向と2024年の対策

2023年の面接試験を振り返って

コロナ禍終息後の2023年試験では、ほとんどの試験で、対面の面接試験が復活しました。地方上級でも対面が主流になりましたが、数度面接試験を実施する自治体では、Webを使った面接の他、録画面接（指定された事項についての回答を録画する）を、実施するところもありました（愛知県一宮市など）。また一昨年から登場したAIによる面接を実施するところもあります（国立大学法人愛知教育大学）。DX時代に入り、客観性の担保の観点からAI面接も浸透してくるかもしれません。

公務員試験では、１次の筆記試験を突破しなければならないことは言うまでもありません。しかし、それだけでは公務員の地位を手に入れられません。近年の人物重視の傾向から、２次以降に課される面接試験で高い評価を得てこそ、最終合格そして内定となるものです。面接試験の配点の低い国家一般職でさえ、評価１つ違えば、合否を決める標準点で42点から47点の開きが出てしまい、これは基礎能力試験の正解６問～７問分ぐらいに相当するのです。配点の高い地方上級では、これがさらに大きなものとなります。

そのような面接試験の中心は、やはり志望動機です。なぜその官庁・自治体を選んだのかを問うだけではなく、入った後に何をやりたいと考えているのか、といった、これからのビジョンまで深く掘り下げて、その官庁・自治体志望の必然性が求められていると言えます。

ここでは、過去の事実や現在のその官庁・自治体についての「知識」よりも、「これからそこで働くことの意識」が求められているのだと考えられます。したがって、皆さんなりの具体的な意識をいかに伝えることができるかどうかが、面接のカギとなります。

よって、本書を参考に、皆さんなりの目的意識と志望動機を携えて面接に臨む必要があります。

2021～2023年試験
代表的・特徴的な質問と内々定を決めた回答５

以下５つのＱ＆Ａは、直近３年間のTAC受講生アンケートより、必ず聞かれる質問、近年の傾向を表す質問を選び、内々定を決めたベスト回答を掲載しました。

▶CASE 1

あなたはなぜ公務員になろうと考えたのですか？

私が高校生の頃、経済的事情から高校を辞めて働かなければならないという友人がいました。彼の「お前たちは恵まれている」という言葉が、私を公務員に向かわせるきっかけになったと思います。それは彼に対する同情とかいうものではなく、彼のような存在をなくしていきたいという気持ちだったと思います。大学生になって、日雇い派遣労働者や限界集落の存在など、社会のキズともいえる問題を新聞やテレビ番組などを通じて知り、公務員になってそれを解決していきたいという考えがさらに強まりました。ぜひとも公務員になって、このような社会のキズを少しでも治し、人々が幸せを実感できる社会を作っていきたいと考えています。

▶山ちゃん Check！

自らの経験をきっかけに、公務員になろうという気持ちが強くなっていくことがよくわかる志望動機です。その意味で、その人の実感がよくわかる志望動機となっています。また、社会のキズを解決する、という「自分のコア」（本書のキーとなる、「志望する官庁・自治体に対する志望動機や自己PRが一体となったもの」を指します。第２章１「面接対策の秘伝～すべては『コア』の構築から」参照）が明確に示されています。このように、自らの実感のある経験から「コア」を導き出せれば、面接官は納得してくれます。

▶CASE 2

あなたはなぜ公務員になろうと考えたのですか？

大学生の頃、みんなと同じように就職活動して、求人広告の営業の仕事に就きました。しかし、自分なりの仕事ということでそれに決めたわけではなく、その仕事のいいところしか見えずに決めてしまったというのが本当のところです。ですから、仕事の辛さに耐えられず、辞めてしまいました。

仕事を辞めて、自分がどうありたいのかを真剣に考え、「人と人をつなぐ仕事」こそ自分が求めているものだという結論に達しました。市役所に入って、社会の中で困っている人に手を差し延べることができる人をつないでいく。こういった仕事であれば、どのような辛いことがあっても続けていけると考え、公務員を志望しました。

（民間経験者）

▶山ちゃん Check！

民間経験者の多くは、みんなと一緒に就職活動をして、みんなと一緒に就職、その流れに乗り遅れたくなくて就職先を決めてしまった、といったところです。それが本当ならば、こうやって話してもよいと考えます。そこで重要なのは、過去がどうかではなく、「今度は辞めない」という証拠です。「自分が社会の中でどうありたいと考えるのか」というのがその一つになるものです。この回答の次には、「人と人をつなぐとはどういうことか」とか、「公務員の仕事で辛いこととはどんなものか」という質問が出そうですから、そこまでもキチンと対応できて合格点の回答ということになります。

▶CASE 3

1分程度で自己PRをしてください

私は、面倒見の良さから、「お母さん」と呼ばれています。サークルの仲間の愚痴を聞いたり、イベントで細やかな世話を焼いたりする姿が、まわりの人にそのように映るのだと思います。市役所職員は、さまざまなニーズやクレームに、テキパキと応えていくことが要求されます。私は「○○市のお母さん」となって、細やかなところに目が行き届いたお世話をしていくことができると考えています。

▶山ちゃんCheck！

〈自分の強み⇒公務員の仕事⇒自分の強みをその仕事にどう活かすのか〉という「自分のコア」（第３章１参照）が、明確に示されています。

この受験生の場合、自分なりの経験からそれを引き出しています。実際、この回答の後は、「どういうところが『お母さん』なの？」だとか、「『お母さん』に一度なってしまうと、いつもいつも窓口で指名されるよ」などと聞かれたそうです。“エサ撒き”（第３章２の１「面接カードの書き方」参照）に成功して、終始自分のフィールドで面接を進められた好例です。

▶CASE 4

採用されたらやってみたい仕事は何ですか？（東京都）

前職の金融機関では中小企業への融資の仕事をしていました。現場で経営者の方の話を聞くと、皆さん、口々に「現役の大学生たちが会社を訪問してくれない」と言っていました。それらの企業は技術力もあり財務体質も良好な企業ばかりです。でもよく考えれば、就職活動では私も全く気にも留めなかった企業なのです。私は、これらの企業に求人面でのサポートが必要と考えます。なぜなら、東京を、さらには日本の産業を支えているのはこのような企業だからです。東京都に入って、現役の学生たちにこれらの企業の現状・将来像を紹介して、人の面で産業支援をしていきたいと思います。

▶山ちゃん Check！

自分の経験から、やりたいことが明確となった例です。こういった実感を伴った問題意識を持った受験生は、採用側からすると、ノドから手が出るほど欲しい人材です。皆さんも、こういった視点を持つことができたら、合格がグンと近づくのではないでしょうか。

▶CASE 5

今までに最も大きなプレッシャーを感じた出来事は何ですか？

高校時代の部活動でやっていた野球部の試合で、最後のチャンスと思われる状況でバッターボックスに立ったことです。チームメートの何とかしてほしいという気持ちに応えなければならないというプレッシャーで、心臓が口から出てきそうな気持ちになりました。

▶山ちゃん Check！

　プレッシャーといわれて、かなりとまどった受験生が多かったようです。とはいえ、この質問は、一生懸命話せるかどうかを見ているものと考えられますから、期待に応えるというプレッシャー、できて当然のことに挑むプレッシャーなど、自己の経験に照らして話すことができればよいでしょう。どのような内容のプレッシャーだったのかまで言及したこの回答は、合格の回答です。

面接対策の総論

志望動機と自分のコアを明確にすることが、面接試験突破の近道です。

まず、志望動機では、「その官庁ないしは自治体に入って何をやりたいのか」を明確にすることが重要です。これこそ、その官庁ないし自治体を志望する必然性だからです。そして、そのやりたいことの先に「どのような社会ないし自治体をつくりたいか」という方向性があればさらによいですね。「自分が仕事を通じてどうありたいか」という理想像にもつながりますからね。また、具体的な政策の細かな内容を知ることまでは不要です。政策の根本にある理念を意識できればよいだけです。

自分のコアについては、それをこれからの仕事にどのように活かすのかについても考えましょう。面接官の質問に対して、「私のコアである○○を活かして…」という回答ができれば評価が高まることはまちがいありません。複数の受験先から内々定をもらえることになるでしょう。

ただし、内々定を複数獲得した場合には、辞退が必要となります。選考中の試験であればオンライン手続で大丈夫なところもありますが、内々定まで進んで辞退する場合には、誠意をもってその旨を伝えてください。それこそ自分のコアと相談して、自分らしく働ける職場を選んで、辞退先に連絡を入れてください。

第２章以降が、あなたの面接試験突破のためのナビゲーターとなります。ここを参考に、じっくりと考えた「自分なりの回答」を見つけ出せれば、内々定は目の前です。さあ、がんばっていきましょう！

第 2 章

山ちゃんの
面接対策の秘伝

Section 1

面接対策の秘伝〜すべては「コア」の構築から

○ 面接試験はスクラッチカードだ！

●「当たり」を思わせる赤字を見せれば合格

皆さんは、面接試験で自分がすべて見透かされるのでは…と恐れているかもしれません。しかし、短いと15分、長くても30分かそこらの面接で、人の全貌が明らかになるなどということはありません。よく「5分話しただけでその人がわかる」などとおっしゃるオジサマがいますが、そのオジサマの底が浅いからそのような言葉が出てくるのだろうなあ、と私は勘ぐってしまいます。受験生は、一人一人がさまざまな経験を積み、一人一人の良さを持っています。その全部を短時間でみるということは、到底無理なことなのです。

実は、面接試験はスクラッチカードのようなものなのです。皆さんはスクラッチカードをもらったらどうしますか。たぶん、当たっているかどうかわかるように、いきなり中心を引っ掻いてみるでしょう。端っこのほうからていねいに剥がしてはいかないはずです。面接試験も同じです。ソフトに迫ってみたり、深く突っ込んでみたりと、短時間のうちにさまざまな質問で皆さんを引っ掻いてみて、そこに「当たり」を思わせるような赤い字があるかどうかをみるものなのです。

● どうやって「当たり」と思わせるのか

では、その「当たり」とはいったいどのようなものなのでしょうか。それはズバリ「すぐに辞めない証拠」なのです。皆さんは考えたこともないでしょうが、人事にとって最大の失敗は、せっかく採用した人がすぐに辞めてしまうことなのです。不定期な採用がほとんど不可能な公的機関では、新人にすぐに辞められてしまうことが致命傷となります。たとえば、今まで5人でやっていた仕事を４人でやらなくてはならなくなることを考えてみてください。当然、「なぜあんなのを採用したのだ」というクレームが人事に寄せられます。よって、「すぐに辞めない証拠」が「当たり」と思わせる赤い字となるのです。このように書くと、「あれほど努力してなった公務員を辞める人なんているの？」という質問が寄せられそうですが、私の教えた受講生の中にも、辞めてしまった人は結構いるのです。

● 大事なのは自分の公務員の理想像

もちろん、「この職場で大丈夫か？」と聞かれた皆さんは「一生、この職場でがんばる」と答えるでしょう。しかし、それだけでは「当たり」ではありません。そのようにいえる根拠こそが「当たり」なのです。そしてその根拠とは、皆さんの公務員としての理念、平たくいえば、10年後の将来どのような公務員になっていたいかという理想像なのです。将来の理想像がある人は、現状に飽き足らずに仕事を投げ出したりはしません。そういった理想像が回答の端々からうかがえれば、まさに「当たり」と思わせる赤い字となるのです。つまり、第１章のp.12で述べた面接のチェックポイント「将来に対する意識」に対し、面接官を十分に納得させるレベルで自分の理想像を語ることができたら、「当たり」ということになります。

たとえば、「自分の希望しない業務に就いたらどうしますか？」という質問に対して、「自分の将来の理想像に近づくために、そこから何を学ぶべきかの目標設定をして、業務にあたります」という回答ができれば、「当たり」となるのです。

◯「自分のコア」を固めれば面接は怖くない

●「自分の公務員としての理想像」はコアの中心

さて、この「当たり」である「自分の公務員としての理想像」ですが、どうすればどんな面接においても揺るぎのないものにすることができるのでしょうか。

それは、ただ漠然と「自分の公務員としての理想像」を考えていてもできるものではありません。私は、その理想像を説得力のあるレベルにまでするには、「自分のコア」＝「志望する官庁・自治体に対する志望動機や自己PRが一体になったもの」を構築させる作業が必要だと考えています。

それに必要な要素は、右の図に示しています。「自分の公務員としての理想像」と、その背景にある、「自分の強み」や「志望官庁・自治体の政策・理念」が三位一体となったものが、「自分のコア」なのです。

この自分のコアは、いろいろな質問に対する回答の基本になります。しつこく同じ質問をされても、この自分のコアがあれば、ここに立ち返って体勢を立て直すことができます。ひいては、圧迫面接に対する最大の対策ともなるのです。

●「自分の強み」もコアに取り入れよう

面接試験において、「自分はこんな公務員になりたい」と理想像を語っても、面接官は必ず「どうしてそれが可能なの？」と聞いてきます。

そこで皆さんは、「自分はなぜそれを実現できるのか」という話をしなければなりません。理想像を語るには、根拠が必要なのです。その根拠こそが、「自分の強み」です。自己PRポイント、長所・特長などといい換えてもかまいません。「自分の強みをこんなふうに活かすことができる」という話が、理想の実現の裏付けとなるのです。

さらに、その強みに説得力を持たせるためには、具体的な体験、エピソードが必要になってきます。

■「自分のコア」の骨組み

●自分の強み

→その強みをどう「自分の公務員としての理想像」に活かすのか

●志望官庁・自治体の政策・理念

→その政策・理念が、どう「自分の公務員としての理想像・やりたいこと」と結びつくのか

●自分の公務員としての理想像

→公務員としての理念

この「自分のコア」を構築できれば、あらゆる面接試験の回答のベースになる

●「志望官庁・自治体の政策・理念」もコアに取り入れよう

また、役所の政策にも理念があります。これと自分の理想像がどう結びつくか、ということもコアに取り入れるべきものの1つです。ここで政策の一つ一つをくわしく知ることは必要でないばかりか、逆にババを引くことにつながりかねません。政策の知識をにわか仕込みで準備したとしても、プロである面接官を相手にしかもアウェーで試合するのと同じです。負け戦を自分から仕掛けるのは、やってはならないことです。

一つ一つの政策の背後にある理念、たとえば市役所であれば「これからどのような市になろうとしているのか」ということを考えましょう。もし考えてもわからなければ、新年の広報に載っている市長の年頭の挨拶などを参考にしてみるのも良い方法です。そのうえで、あなたがそこでやりたいと考えていることがどのようにその理念と結びつくのかを考えましょう。そうすれば、あなたの考えたテーマで、つまりあなたのホームで試合をすることができます。

このように、役所の政策の背後にある理念を読み取り、そのうえで自分の理想像に結びつけた自分のコアは、辞めない証拠という消極的な良さとなるばかりではありません。最近の試験では「試験に合格することがゴール」という受験生を面接で排除する傾向が強くなっています。志望する公務員になって何をやりたいのか、そこに理念を感じ取ることができれば、それは積極的なプラスポイントとなり、合格への大きな力となるでしょう。さらに、「最近の若いヤツらは、筋が通っていない」などと嘆く面接官たちに、「こいつは、一本筋が通っている。最近の若いヤツには珍しい好人物だ」と思わせる積極的なプラスもあります。ということで、この「自分のコア」をしっかりと構築してもらいたいものです。

参考までに、「政策の背後にある理念」をどのように探ればよいのか、東京近郊にあるＡという市を例に考えてみましょう。

政策の背後にある理念（山ちゃんの探り方）

Ａ市は、都心から電車で30分もかからない場所にありながら、緑豊かで、畑もあり、湧き水もあるという環境にあります。この市の政策をみると、市民に豊かな自然環境の中で豊かな心を持って生活してほしいというものが多くみられます。とりわけ子どもの教育には、「わんぱく学校」や「冒険広場」など、のびのびと子どもたちが遊べる施策が並んでいます。

私は、これらの施策の中に、この自然豊かな町を子どもたちに「ふるさと」と思ってもらいたいという理念を感じ取りました。子どもたちに「ふるさと」を与える政策、これがＡ市の政策の理念だと考え、「Ａまつり」などの他の施策にもこれが活かされていると考えました。広報誌を確認すると、市長の年頭の挨拶にも「住み続けたい町　ふるさとＡ」という文字がありました。

自己分析をして自分のコアを構築しよう！

自己分析は難しくない

さて、自分のコアの構築のためには、自己分析が必要となります。実は、この自己分析こそ、受験生の大きな悩みの１つとなるものです。「分析するうちに訳がわからなくなってしまって…」という受験生を毎年みかけます。そのようなときの私のアドバイスは、「まず公務員になろうと思ったのはいつ頃なの？　そのときのことを思い出してごらんよ。なぜ公務員なのかということがみえてこない？」というものです。

皆さんはなぜ公務員になろうと思ったのでしょう。そのきっかけとなったことは、どんなに些細なことでもあなたの公務員生活の原点となりうるものです。

「自己分析シート」を使って分析してみよう

◎ 事実を書き出してみよう

p.36、37に、「自己分析」から「コア抽出」までの流れを、シートにしてあります（模範例を記入ずみのものです）。公務員になろうと思ったきっかけの話は、「自己分析シート」の「事実を書き出してみよう❸公務員のこと・志望のきっかけ」に記入することになります。

このシートは掲載の都合上、スペースが限られていますが、「事実を書き出してみよう」については、思いつくままに書き出してみましょう。別紙を用意して、アトランダムにどんどん書いてください。

◎ 事実をもとに分析してみよう

それが終わったら、次は「事実をもとに分析してみよう」です。たくさん書き出して一度広げたものを、項目に沿って集約してみるのです。そうすると、「自分の他人に対するスタンス」「自分はどういうことに関心があり、何に対してならがんばることができるのか」「自分は何を学んできて何を得たのか」など、自分というものを客観的にみることができると思います。これで自己分析は終了です。

◎ 分析をもとに自分のコアを抽出してみよう

ここまでできたら、次は面接試験に向けて「自分のコア」を抽出し、言葉にして構築していく作業です。自己分析の結果を、「コア抽出シート」を使って、これまで説明してきた「自分の公務員としての理想像」などのコアの要素に落とし込んでください。記入例は模範的なものですので、ぜひ参照してください。

● 行き詰まったら他人と話してみよう

もちろん、記入例のようにすんなりときれいにまとまるとは限りません。そんなときは、他人と話してみることが大事です。民間企業の就職対策の、「自己分析➡エントリーシート➡面接」という流れを絶対視して、自己分析ができていないとエントリーシートを書いてはいけない、ましてや面接を受けるなんてダメだと思い込んでいる人がいますが、そのようなことはありません。「面接➡自己分析」という流れもアリです。他人に話してみて「それは違うのではないか」と指摘され、初めて気づく自分もあります。また、他人と比較してわかる自分もあります。公務員試験では、会社がたくさんある民間と違って、自己分析のためのお試し面接というのはありえませんから、自分に近い人、できればご両親などの社会経験の豊かな人と自己分析の各テーマについて話してみることが有用です。もちろん、仲の良い友人でも結構です。

■ 自己分析シート

●事実を書き出してみよう

❶自分のこと	■趣味 ウォーキング：身体を動かすことで、頭も身体もリフレッシュできる。 音楽鑑賞：ライブでのアーティストと観客の一体感が好き。
	■関心 環境問題：地球温暖化、都市部のヒートアイランド現象に対して、屋上緑化などを通し、一人一人の生活の中で解決したい。
	■友人内での役割 まとめ役：計画をキッチリ立ててから行動に移す性格。 友人の良いところを引き立てるのが好き。
❷頑張ったこと	■高校以前 バスケットボール：弱小チームだったが、練習量だけは負けなかった。 テスト勉強：1か月間、1日3時間睡眠を通したことも。
	■大学 ゼミ活動：環境問題のゼミで捕鯨活動の影響を調べる。 そのプロセスで、人間生活と環境のバランスが大切と考えた。
	■それ以外 民間企業での営業：新規契約、自らの経験を目的に、1日100件の飛び込み営業。顔を覚えてもらおうとオリジナル名刺も作成。
❸公務員のこと	■志望のきっかけ 営業活動を続けるうちに、お金のない人にも平等にサービスを提供してより多くの人に喜んでもらうことはできないか、と思い始めた。
	■接触経験 区役所で住民票の交付を受ける程度で、個別的接触はなかった。

●事実をもとに分析してみよう

❶より	■人に対してどうありたいか 人の良さを引き出したり、人を後ろから支えたりする存在 みんなといっしょに行動をしていきたい →Ⓐ
❷より	■なぜ頑張ったか 不器用な点を克服するには努力しかないと考えたから 集団で目標に向かって行動するのが好きだから →Ⓑ
	■得られたもの 努力も楽しいとわかった 集団で目標や情報を共有すると成果が出やすい 多くの経験を積むと、より成長できることがわかった →Ⓒ
❸より	■感じたこと、考えたこと 多くの人に喜んでもらいたいというのが目的であり、公務員になることはそのための手段だと感じた →Ⓓ

■ コアは出シート

●分析をもとに自分のコアを抽出してみよう

Ⓐ・Ⓓ 自分の公務員としての理想像	国民がより幸せになることを後ろから支える存在 国民と協働することで、より良い社会を作っていける存在
Ⓒ 自分の強み	集団をまとめながらも、個人の持つ長所を引き立てて、それを集団に還元していける 自ら進んで計画を立て、集団でその計画を実行していくことができる
Ⓑ 強みを理想像形成にどう活かすのか	国民1人1人を支えながら、その良さを引き出していく より良い社会を実現するための計画を立て、国民との協働を通じてそれを実行していくことに活かせる

▶山ちゃんCheck！

十分にコアが抽出された良い例です。

この人は集団の中で、メンバーと一緒に、みんなを支えながらみんなの良い部分を少しでも伸ばしたいと考える人です。「友人内での役割」や「人に対してどうありたいのか」の回答にそれがみてとれます。この集団内部でのふるまい方は、まさに国民・住民と協働していく公務員の仕事と合致します。

この点から、公務員の仕事にその個性を重ねていくと、上のⒶ・Ⓓの「公務員の理想像」が出てきます。この理想像をコアと考えるべきです。

また、随所からとにかく努力をしていくこと、努力は無限であるという考えがうかがわれます。この考えも、コアとして公務員の仕事に活かしていくことができるでしょう。

● こんな人も大丈夫！

また、これまで公務員の志望動機が、「公務員の仕事が楽そうだから…」ということだったキミ！　そういうキミも、自己分析を行って、これから仕事を通じて社会とどのように接していこうとしているのかを考えましょう。すると、どのような公務員になりたいのかがみえてくるはずです。

民間企業で働いた経験のある人は、就職後の出来事を中心に書き出してみたほうがいいかもしれません。どのような仕事をやって、どのようなことを感じたのか、またどのあたりから公務員になろうと考えたのか、そのきっかけはどのようなことだったのか、がわかるはずです。そのうえで、職業観、すなわち自分の職業に対する考えが変わり、その職業観を実現するのは公務員であるという道筋ができれば、それで十分です。

Section 2

面接カードを書こう

面接カードの書き方

自己分析、コアの構築が終わったら、いよいよ面接カードの作成です。ここで気をつけてほしいのが、熱意を示そうとして小さな字で枠内にびっしりと記入しないことです。なぜでしょう？　これは面接官の立場に立って考えればわかるはずです。小さな字で目いっぱい書いてあることをみながら面接をすることになったとしたら、嫌気がささないですか？　また、そのように記載されていると、どうせここに書いてあることをそのまましゃべるだけだろうから、聞いても仕方がないのでは、と思ったりもしませんか？

「このカードの記載内容は、面接の際の参考資料として用いられるものです」と記載されていたり、質問事項に「簡潔に記してください」という注意書きがあるのは、そのような面接のしにくいカードを作成してはいけませんよ、という面接官の気持ちの表れであると考えましょう。なお、字の大きさに関していえば、印刷されている質問の字の大きさよりも小さな字を使ってはいけないと考えてください。

p.40〜42には、「もう一歩」のレベルの面接カード、それに対する私の改善アドバイス、その結果、及第点にレベルアップした面接カード、を順に掲載していますので参考にしてください。

● 面接のしやすい面接カード

では、面接のしやすい面接カードとはどのようなものなのでしょうか？

いくら「簡潔に」という注意書きがあるからといって、単に単語だけを並べたものでは、さすがに手抜きの印象を免れません。しかも単語の羅列だけでは、質問の手がかりとしにくいものです。やはり、記載内容から質問を引き出しやすい面接カードこそ、面接しやすい面接カードということになります。

■ 面接カード（「もう一歩」の例）

このカードは人物試験の際に質問の参考資料とするものです。事前にボールペン(自筆)で記入してコピーを2部取り，原本と併せて3部を人物試験当日に持参してください。(様式を変更しないでください。)
なお，出身校や会社名などが特定されるような記入は避けてください。(該当する□には✓を付けてください。)

試験の区分	第1次試験地	受験番号	ふりがな 氏名
行政			

[最終学歴]
□ 大学院(博士・修士・専門職)
☑ 大学
□ 短大・高専・専修学校
□ その他(　　　)

☑ 修了・卒業(30 年 3 月)
□ 在学 (　年　月 修・卒見)
□ 中退 (　年　月)

[職　歴]
☑ ある　□ ない
主な職種
販売業

[専攻分野]
国際政治

❶ [志望動機・受験動機]
ひろく教育に関わって、将来を担う人材を育成したい。

[志望官庁等]
文部科学省

❷ [これまでに取り組んだ活動や体験] 達成感があったと感じたり，力を入れてきたりした経験について，簡潔に記入してください。

○ 学業や職務において
留学経験によって、国際感覚を身につけたこと。
前職における接客。

○ 社会的活動や学生生活において（ボランティア活動，サークル活動，アルバイトなど）
茶道部での活動での礼儀作法の習得。

❸ [関心事項] 最近関心を持った社会問題や出来事，日頃興味を持って取り組んでいることなど
高校の授業料の無償化。

❹ [趣味，特技など]
スポーツ観戦。

❺ [自己PR] 長所や人柄について
私は、どんな人とでも仲良くなれる性格です。

（人事院による２次試験のものを復元）

▶山ちゃんCheck！

❶ [志望動機]

「将来を担う人材」の内容を具体化するとともに、その育成に向けての自分がやりたいことを具体的にふくらませて面接官の関心を引き出しましょう。

❷ [これまでに取り組んだ活動や体験]

○学業や職務において

「国際感覚」をもっと具体的にして、志望動機とつながりを持ったものであることを明確にしましょう。

「接客」も力を入れたことを面接官に示して、そのときのエピソードを話すことができるようにしましょう。

○社会的活動や学生生活において

留学経験で得た「異なる文化・価値」と結びつけていくことができる内容が書けそうなところです。「礼儀作法」をわが国の文化と捉えて、もうひと工夫しましょう。

❸ [関心事項]

関心があるのであれば、「なぜ・どうする」といったところについても言及して、もっと突っ込んでもらえる“エサの言葉”を加えましょう。

❹ [趣味、特技など]

項目に触れるだけではなく、「なかでもこれは」というものにも触れましょう。

❺ [自己PR]

自分の強み＝売りを述べてはいますが、これをどのように今後の仕事に活かそうとするのか、という肝心の部分が欠落しています。面接官にこれからのあなたに関心を持ってもらえるように、この強みを将来にどう活かすのかということまで言及しましょう。

■ 面接カード（改善アドバイスに沿って修正：及第点の例）

このカードは人物試験の際に質問の参考資料とするものです。事前にボールペン(自筆)で記入してコピーを2部取り，原本と併せて3部を人物試験当日に持参してください。(様式を変更しないでください。)
なお，出身校や会社名などが特定されるような記入は避けてください。(該当する□には✓を付けてください。)

試験の区分	第１次試験地	受験番号	ふりがな 氏　名
行政			

[最終学歴]
- □ 大学院(博士・修士・専門職)
- ☑ 大学
- □ 短大・高専・専修学校
- □ その他(　　　)

☑ 修了・卒業（30 年 3 月）
□ 在学（　年　月 修・卒見）
□ 中退（　年　月）

[職　歴]
☑ ある　□ ない
主な職種
販売業

[専攻分野]
国際政治

[志望動機・受験動機]
中等高等教育での国際交流を更に充実させて、異文化と共生できる人材を育成したい。

[志望官庁等]
文部科学省

[これまでに取り組んだ活動や体験] 達成感があったと感じたり，力を入れてきたりした経験について，簡潔に記入してください。

○ 学業や職務において
2度の留学経験により、異なる文化・価値を知ることができました。前職では、笑顔での接客に力を入れました。

○ 社会的活動や学生生活において（ボランティア活動，サークル活動，アルバイトなど）
茶道部での活動を通して、世界に誇ることができる「もてなしの心」を身につけることができました。

[関心事項] 最近関心を持った社会問題や出来事，日頃興味を持って取り組んでいることなど
高校授業料の無償化です。これが更に大学授業料にも拡大して、経済的に困っている人の就学に役立つことができればと思います。

[趣味，特技など]
趣味はスポーツ観戦です。なかでもフィギュアスケートは生観戦もします。

[自己PR] 長所や人柄について
私はどんな人とでも仲良くなれる性格です。職場でのチームワークの醸成に活かすことができると考えます。

（人事院による２次試験のものを復元）

面接官は面接カードをさらりと読んで、ここを聞こうとその場で考えるものですが、ただ事実のみが書いてあっても、なかなか「これを聞いてみよう」などという気持ちにはならないものです。その事実から感じたことや考えたことなど、「事実の先にあるもの」が書いてあれば、そこを足がかりに質問していくことができます。また、皆さんにとっても、その先にある質問の流れを想定できるので、対策がしやすくなります。

「このように書くと、たぶん面接官はこのように聞いてくるだろうな」と、面接官の質問を想定しながら面接カードを書くという意識を持ちましょう。

●「ここを聞いてほしい」をどう書くのか

自己分析で構築できた自分のコアにつながるエピソードなど、皆さんには「ここを聞いてほしい」というところがあるはずです。そこを質問してくれれば、皆さんの土俵で面接を進めることができるので、願ったりかなったりということになります。しかし、そこを質問してもらうためには、やはり面接カードに“エサ”を撒かなければなりません。

民間企業のエントリーシートのように、見出しをつけてエサのキーワードを出すというやり方もありますが、まだ公務員試験の世界では一般的ではないようです。ある自治体の面接カードに見出しをつけた書き方をしたら、どうしてそのような面接カードを書いたのか、ということばかり聞かれたという受験生の報告もあったくらいです。ですから、やはり各項目の文の中に“エサ”を撒いていくことになります。

● キーワードは「理念」「理想像」

“エサ”の内容は、コアに直結していくものになりますから、キーワードは、やはり「理念」「理想像」です。たとえば志望動機に、「理念を持って仕事をしていきたい」という記載があれば、面接官は「理念？」というメモをするはずです。この受験生はどのような理念を持っているのだろう？　と考えるからです。また、アルバイト先の経験などは「これまでにがんばったこと」の欄に、「お客様の理不尽なクレームにも…」という記載があれば、「理不尽なクレーム？」とのメモ書きが入るはずです。そのうえで、得られたことや考えたことの記載があれば、「それをこれからの公務員の仕事にどう活かすのか」という質問が想定できます。

もちろん、“エサ”を撒いても反応してもらえない場合もあるでしょう。残念ながら、面接官はその“エサ”には関心を示さなかったということです。相手が関心のないことを一生懸命話したところで、コミュニケーション能力不足のアピールにしかならないので、深追いは止めましょう。

● 面接カードを書いたところからが面接対策の本番

受験生の中には、面接カードを作成することに心血を注ぎ、完成させたことに安心して、その後の対策を怠ってしまう人も多くみられます。こういったタイプの人は、実際に模擬面接をしてみると、カードは立派なのに、面接では「真っ白になった」などといってボロボロになってしまいます。

実は、面接カードを作成したところからが、面接対策の本番です。面接カードの記載から想定される質問（というよりも、面接カード作成の際、皆さんが想定した質問）に対する回答ばかりではなく、その回答からさらに想定される質問の回答を考えなければなりません。面接試験は、口述試験ではありませんから、質問に対する回答を用意するだけではいけません。その回答の中に面接官が関心を見出したら、さらなる質問が展開されます。

ですから、面接カードを作成したら、必ず他の人に目を通してもらって、その記載から生じた疑問・関心などのコメントをもらい、そこからどのような質問が展開されるのかを想定して回答を準備しましょう。

最後に、これまでの流れをフローチャート化しておきます。

❶ 自分のコアをさがす

⬇

❷ ❶を基にして面接カードをとりあえず書いてみる

⬇

❸ その面接カードから派生する質問・回答を考える

⬇

❹ 模擬面接やカードの添削を受ける

⬇

❺ ❹の結果を踏まえて、本番で話したいことを確定する

⬇

❻ 本番用の面接カードを書く

⬇

❼ そこから派生する質問・回答を考える

これだけやれば、次の「どう話すのか」に進みますが、その前に、面接カードをいつ作成するのか、試験種ごとにみておきましょう。

面接カードを作成する時期

試験によって、面接カードを作成し受験先に提出する時期は異なります。大別すると、以下の３通りになります。

タイプ	作成時期	提出時期	試験
①	事前	事前	多くの地方上級試験・裁判所職員
②	事前	面接時	国家一般職・東京都・国税専門官
③	面接時	面接時	官庁訪問の一部

①や②のタイプは、じっくりと考えて書くことができる利点があります。しかし、地方の試験では、受験申込時に面接試験を想定した書面（エントリーシートなど）を提出させるところもかなり多くあります。そういった試験の中には面接試験前にもさらに別に面接カードを作成させるところもありますので、受験申込時の書類の内容との整合性を保たなければなりません。

ただし、①と②のタイプで大きく違うのは、②では①に比べて簡潔に記入することを心掛けなければなりません。面接官は、その面接カードをみながら面接をするわけですから、第２章２の「面接のしやすい面接カード」ということをより意識してほしいところです。

③のタイプは、まさにぶっつけ本番というイメージですが、国家一般職はp.40やp.42に掲載されているものとほぼ同じカードですから、予め用意をしておく必要があります。また、官庁訪問については、志望理由・自己PR・サークル活動やアルバイト、他の試験の併願状況などはどこの官庁でも共通して項目に挙げられていますので、何を書くかはきちんと用意しておかなければなりません。

次ページからは実際の公務員試験で使われる面接カードのひな型を掲載しています。合格者の記載例も掲載したものがありますので、カード作成の参考にしてみてください。

■ 国家一般職

面接カード（一般職大卒） 2023

このカードは人物試験の際に質問の参考資料とするものです。直接入力してＡ４で３部印刷、又は、Ａ４で用紙を印刷後ボールペンで記入して３部コピーのいずれかで、人物試験当日に持参してください。（様式の変更は禁止）
なお、出身校や会社名などが特定されるような記入は避けてください。（該当する□には✓を付けてください。）

試験の区分	第１次試験地	受験番号	ふりがな 氏　名
行政	東京都		

[最終学歴]　※西暦
□ 大学院
　□博士・□修士・□専門職
□ 大学
□ 短大･高専･専修学校
□ その他(　　　　　)

□ 修了・卒業(　　　年　　月)
□ 在学(　2024　年　3　月 修･卒見)
□ 中退(　　　年　　月)

[職　歴]
□ ある　□ ない
主な職種

[専攻分野]
経済学部に所属し、都市経済学を専攻している。

[志望動機・受験動機]
❶ 環境について学んだ経験から、環境政策に携わり、地球全体に影響を与える環境問題を改善していきたいと考え、志望した。

[志望官庁等]
環境省

[これまでに取り組んだ活動や体験] 達成感があったと感じたり、力を入れてきたりした経験について、簡潔に記入してください。

○ 学業や職務において
❷ 学業に力を入れた。片道２時間かかる通学時間を有効かつ臨機応変に活用した結果、大学３年時には、学業成績優秀者に選出された。

○ 社会的活動や学生生活において（ボランティア活動、サークル活動、アルバイトなど）
❸ 大学１年時から個別指導塾でアルバイトをしており、幅広い学年・教科を担当している。指導する立場としての責任を強く自覚し、生徒と真摯に向き合って授業を行った。

[関心事項] 最近関心を持った社会問題や出来事、日頃興味を持って取り組んでいることなど
❹ 社会的マイノリティに対する理解増進に関心がある。ボランティアを通じ、全ての人々が住みやすい社会を構築していくことが必要だと実感した。

[趣味、特技など]
趣味：漫画を読むこと・アニメ鑑賞・ライブ観戦　特技：暗算（８段取得）

[自己ＰＲ] 長所や人柄について
❺ 私の長所は、物事を深く熟知していくまで調べ上げることだ。本質を見極めることを重視している。また、周囲からは「誠実」･「真面目」と評されることが多い。

▶山ちゃんCheck！

１次合格発表後に作成して、人物試験時に持参するものです。上部にある「なお、出身校や会社名などが特定される…」という注意書きは、❸のところで気をつけてください。特にサークル名が大学を特定できる名称である場合には、名称ではなく「テニスサークルにおいて」といった抽象的な表記にしましょう。

❶は、「なぜ国家公務員か」といった一般的なものでも、志望省庁に合わせたものでも大丈夫です。❷はゼミについて書く人が多いのですが、高校までのタスクのような学び（受験に向けての学び）から解放されて、自らの興味に従って広く学ぶ、関心のあることについて深く学ぶといった学び方に着目した内容もよいでしょう。❸はカードのカッコ書きにあるようなことでも結構ですし、長い間続けている習い事（12年間やっているピアノ）なんかもOKです。その場合には、小学校・中学校…などと時代を分けての取組みが見えるとよいでしょう。❹は、志望省庁に関するものである必然性はありません。自分が本当に関心を持っていること＝話せることを書きましょう。❺は、上にある「取り組んだ活動や体験」から引き出せるものであると、うまく流れが作れそうですね。

［記載内容について］

文末表現が「〇〇だ」という調子で書かれていますが、別に「です・ます」調である必要はありません。❺の自己PRが、上の「活動や体験」とリンクしていないのが心配ですが、面接でしっかりとそれを引き出せるエピソードがあれば大丈夫でしょう。周囲からの評価ではなく、そのPRポイントをどのようにこれからの職務に活かせるのかに触れたほうが面接試験向きだと考えます。

面接カード（専門職大卒）2023

事前に記入して人物試験当日に３部持参してください。
・直接入力してＡ４で３部印刷するか、又は、Ａ４で用紙を印刷後ボールペンで記入して３部コピーしてください。該当する□には✓を付けてください。なお、様式の変更はしないでください。
・出身校や会社名などが特定されるような記入は避けてください。
※このカードは、人物試験の際に質問の参考資料として使用するものであり、記入内容が直接評価に影響することはありません。

試験の区分	第１次試験地	受験番号	ふりがな 氏　名
国税専門A	東京都		

[最終学歴]　※西暦
□ 大学
□ 大学院
　□博士　□修士
　□専門職
□ その他
（　　　）

□ 修了・卒業（　年　月）
□ 在学（ 2024 年 3 月修・卒見）
□ 中退（　年　月）

[職　歴] □ ある　□ ない
主な職種

[志望動機・受験動機]

❶ 財源の基盤である、税金に携わる業務を通して、国民の生活を支えたいと思い、志望しました。1Day仕事体験や、職場訪問の際に、適正かつ公平な納税の実現のために、正義感を持って働く職員の方々の姿を拝見し、魅力を感じました。納税者と真摯に向き合い、適正な納税の実現に貢献したいです。

[専攻分野・得意分野] 学業や職務経験を通じたもの（あれば、専攻演習、卒業・修士論文のテーマ等）

❷ 大学３年次より、近現代日本経済史のゼミに所属しています。３年次には、地方創生や再生可能エネルギーについてグループ発表を行いました。卒業論文では、健康経営について研究を進め、執筆する予定です。

[最近関心や興味を持った事柄] 社会生活、時事問題、社会情勢など

❸ 様々な分野でデジタル化が進んでいることに関心を持っています。デジタル化に関しては、便利になる一方で、情報漏洩等のリスク管理をしっかりする必要があると考えています。

[印象深かったこれまでの体験] 学校生活や職務、ボランティア活動、アルバイトなどの体験を通じて

❹ アルバイト先の塾で、生徒数の固定化と増加のために、従来はなかったカリキュラムの作成を提案し、他の講師と協力してこれを完成させたことです。これらの取組みの結果、前年に比べ、平均通塾期間が延び、生徒数が増加したことが印象に残っています。

[自己ＰＲ] 長所や人柄について

❺ 私の長所は、計画性と、粘り強く努力できるところです。これらの長所を活かし、大学の講義のグループワークや、高校の部活動や学業において結果を残してきました。

[趣味、特技など]

❻ 趣味：フィギュアスケート観戦
韓国語の学習
特技：フルート

▶山ちゃん Check！

国家一般職と同じく、１次合格発表後に作成して、面接時に持参するカードです。上部にある注意書きについても、国家一般職と共通です。

❶は、志望する専門職に合わせて書かなければなりません。その仕事を通じて、どう社会とかかわりたいのかを明らかにしましょう。

❷はゼミの内容や、特に力を入れて学んだことを書きましょう。

❸は、志望する専門職に合わせる必要はありません。相手にすり寄って話をしてしまうのが一番いけないことです。自分がしっかりと話せること、すなわち本当に関心を持っていることを書きましょう。

❹は、自分のコアを引き出す中心となるところですので、自分のコアを引き出せるような事実を選びましょう。

❺は、上に挙げた❹から導くことができる自分のコアを明確にしたいですね。

❻は、プライベートな部分です。楽しく話せることを書ければよいと考えます。

［記載内容について］

当日初見で面接するカードなので、これくらいの分量が適切ですね。仕事体験や職場訪問での体験については、実際の面接で実感をもって話すことができれば、それだけで合格間違いなしです。その他の項目も、掘り下げる箇所がたくさんあって、私自身が面接をしてみたいと思わせるカードになっています。

■ 裁判所職員一般職

面接カード

【様2】

令和５年　　月　　日提出

受験番号	(ふりがな) 氏　名	生年月日・年齢	
－		年　　月　　日生（　　歳）	
裁判所職員を志望した動機 ❶	私の叔母が裁判官をしていることから法曹界に親近感がわき、司法の道に興味をもったことがきっかけです。実際に司法について学ぶ中で、司法行政や適正に裁判を受けることができる制度の大切さに改めて気づかされました。私も正しい司法が行われる社会制度の運営に携わりたいと考えます。また、アルバイトの経験から身につけた傾聴力と柔軟な対応力を活かし、裁判所の職員として国民が安心して裁判を受けることができるよう、司法の手助けをしたいと考えます。		
趣味・特技 （好きなスポーツなど）	ピアノ・読書・水泳	これまで加入したクラブ活動・サークル活動等の集団活動	水泳部・バスケサークル
あなたがこれまでに個人として力を入れて取り組んできた活動や経験 （具体的かつ簡潔に記載する） ❷	オックスフォードに１か月留学し、言語が通じない中、ホームステイ先のファミリーと生活し、コミュニケーションをとったことです。英語が得意ではなかったため、なかなか言葉が通じず、意思疎通の面で大きく障害がありましたが、身振り手振りや目線で会話を行いました。最終日には、ファミリーの子供たちと公園でサッカーをしたり、食事の際に学校での出来事を共有することができるようになりました。この経験を通じて、どんな状況でも諦めない精神と、人の意見や考えを聴く姿勢、コミュニケーション能力を身につけることができたと考えます。		
あなたがこれまでに目標達成に向けて周囲と協力して（チームで）取り組んだ活動や経験 （具体的かつ簡潔に記載する） ❸	アルバイトの時間帯責任者として、他の責任者や社員と相談し、定期購読の獲得冊数の目標を達成することができました。定期購読は、店員の販売操作が難しく、新人スタッフが声がけをするのに気後れしてしまい、目標冊数に届かないことが続いていました。そのため、スタッフ全員に分かりやすいマニュアルの作成と新人教育を行いました。マニュアル作成の際に、難しいと感じる部分や詳しく知りたいポイントについてアンケートをとることにより、マニュアルの理解度を高めることができました。また、新人教育の際に定期購読の方法を説明することで、全員が積極的に案内を行うようになり、目標の達成につながりました。		
自己ＰＲ（長所など） ❹	私の長所は好奇心が旺盛で、いろいろな物事にチャレンジすることです。興味があることや気になったことは、何事にも挑戦しようと心がけています。いろいろな物事に挑戦する中で、自分の本当に好きなことや得意なことに気づくことができました。興味がなかったことでも新しい発見や経験を得ることができ、実際、初めは興味がなかったピアノも練習するにつれ、学びたい気持ちが深くなり、15年ほど続けることができています。この何事にもチャレンジする精神で、裁判所の職員としても臨機応変に様々な業務に対応することができると考えます。		

※　この面接カードは、人物試験の参考となる資料です。
　訂正がある場合には、該当箇所を二重線で抹消し、その上部等に正しい事項を記入してください。訂正印は不要です。

▶山ちゃんCheck！

1次合格発表後、数日したら提出しなければならないカードです。とはいえ、あまり詳細に書くと面接でカードに書いてあることしか言えなくなってしまいます。面接官もカードに書いてあることをそのまま話されてしまうと、面白さがなくなりますよね。❷や❸の欄に「簡潔に記載」という注があるのはそのためです。

❶は、「裁判所で働くことで自分はどうありたいのか」「裁判に仕事としてどのように関わっていきたいか」を書くところです。ここに傍聴で得られた実感を示すことができるとよいですね。

❷や❸については、自分自身を高めるためにどのような努力をしてきたか、他者とのかかわりでどのようなコミュニケーションを取ることができるのか自分の具体的なPRポイントを導き出せるようなエピソードを書きましょう。

❹は、❷や❸で示したエピソードから自覚した能力や得られた力、すなわち自分のコアを書いた上で、それを裁判所の仕事にどう活かしていくのかまで述べましょう。

［記載内容について］

事前提出なので多少詳しく書くことは良いのですが、ちょっと詳細すぎますね。字間が詰まっていて、見にくい＝面接しにくいカードになっています。また、詳細に書きすぎると、カードに書いたことしか話さない面接になりがちです。もちろん、それを補うだけの会話力があれば問題はないですが、「ここに書いてあることだね」と面接官に言われてしまう危険性すらありますよ。❹の最後に出てくる「臨機応変に」という対応力については、どのエピソードから引き出されるものなのか不明です。キチンと別のエピソードを話すことができれば問題はないのですが。PRポイントに即した内容にしたいですね。

■ 東京都Ⅰ類B（行政）

フリガナ
氏　名

Ⅰ類B　面接シート【１】

一般方式　**行政（新方式）**

※ＩＣＴ（新方式）の方は、「Ⅰ類B　面接シート【２】」を使用してください。

受験番号	2次　　月　　日　　組	

❶ **1　あなたがこれまでに学習したこと又は研究した内容などを書いてください。受験する試験区分に関係するものがある場合は、そのことを中心に書いてください。**

大学では都市計画や政策評価、長期計画など、行政について分野を問わず学びました。その中で、地域の課題解決を図る政策を自治体に提案し、職員の方と意見交換をする経験を通して、実務に触れつつ自治体職員として必要な知識を学んできました。卒業研究では、都市計画道路が周辺地域の土地利用に与える影響について調査をしています。この研究を通じて、道路事業が与える地域環境や周辺住民の暮らしの変化を明らかにしたいと考えています。

❷ **2　あなたがこれまで力を入れて取り組んだことについて、取組期間も含めて書いてください。（3つ以内・箇条書き）**

① 複数勤務先での接客アルバイト（2019年6月から現在まで）

②「自家用車を使わない社会の実現」に向けた政策提案の授業（2020年10月から2021年7月）

③ 高校の卓球部での活動（2016年4月から2018年3月）

❸ **3　これまで取り組んだことのうち、成果や達成感を得た経験（1つ）について、あなた自身の行動を中心に具体的に書いてください。**

大学で「自家用車を使わない社会の実現」のための政策をグループで提案し、自治体職員の方に評価をいただいたことに達成感を得ました。当初は自家用車を公共交通機関で代替することを検討しましたが、議論が行き詰まりました。そこで私は検討の方向性を変える必要があると考え、オンライン授業で通学機会が減ったことに着想を得て移動そのものの削減を提案しました。これをきっかけに、遠隔医療の推進や学校の空き教室を活用したテレワークといった新たなアイデアが生まれ、評価をいただきました。一度立ち止まり視野を広げて考え直したことで成果を得られ、達成感がありました。

❹ **4　東京都を志望した理由について書いてください。**

まず、画期的な取り組みを行う組織風土があるからです。以前、産業労働局の「UPGRADE with TOKYO」事業に触れ、中小企業支援と各局が抱える都政課題の解決を一挙に実施する制度設計に感銘を受けました。私はそうした環境で周囲の刺激を受けつつ自らも斬新な提案をし、都民の生活を改善するとともに国や他の自治体に先例を示していきたいと考えています。
また、配置転換を通じて多様な業務を経験しつながらキャリアアップができるからです。私は自身の広い視野を活かした総合的な政策立案を行いたいと考えております。幅広い業務を担う東京都なら、他部署での経験を活かしつつ新たな部署での業務に取り組むことができると考えました。

❺ **5　東京都に採用されたらやってみたいことについて、具体的に書いてください。**

単なる「箱物行政」に留まらない、都民の生活を豊かにするような都市づくりを行いたいと考えています。地元の鉄道路線の高架化やそれに合わせた再開発により、住民の生活が変わる様子を目の当たりにしました。この経験から、私はまちづくりとは住民の生活全体をデザインし向上させるべきものであると考えています。都の職員として、配属されたどの部署においてもこの考えを持って学び続け、都民のための都市づくりをライフワークとする所存です。

職歴	□在職中（経験　社/在職期間　年　月）　□離職中（経験　社/在職期間　年　月）　☑職歴なし	
希望する行政分野	1 都市づくり	2 産業・労働・経済

※ 出身学校名（留学先学校名を含む。）や、それが分かるようなことは記入しないでください。

▶山ちゃん Check！

１次合格発表後に作成して面接日当日に持参する方式です。この試験でも「出身学校名や、それが分かるようなことは記入しない」ことに注意しましょう。

❶については、国家専門職同様、ゼミでの学びや特に力を入れたことを書けばよいでしょう。

❷は無理に３つ書かなくてはいけないわけではありません。無理をすると話せない内容を質問されて途方に暮れることになりかねませんから。３つ「以内」という表記はそうならないようにという暗示でもあります。

❸は、❷の一つについて、自分のコアを最も示すことができる事項を選んで書きましょう。これを❺にPRとして含めることができればなおよいですね。

❹では、なぜ東京を相手に仕事をしたいのかということを自分の言葉で書き、面接では自分の言葉で話すことが求められます。「首都」「日本を支える」などといった紋切り型の語ではなく、東京という大都市をどのようにとらえるのかから考えたいですね。

❺は、なぜその分野に関心があるのか、その仕事に関わることで東京をどのようなまちにしたいかまで考えるとよいですね。

［記載内容について］

このカードも詳細すぎる感を否めません。たとえば、❹は、「画期的な取組を行う風土があること」と「多様な業務を経てキャリアアップができる」ことが根幹なので、それを裏付ける経験などはもっと簡潔に示したいところです。面接カードは「話すための道具」であることを意識したいですね。

■ 特別区Ⅰ類（事務）

※特別区Ⅰ類では事前に専用のフォームに内容を入力して送信する形をとります。2023年試験で入力を求められた内容と合格者の入力例は以下のとおりです。

❶あなたが特別区でどのような仕事に挑戦したいか、あなたの強みと志望動機も含めて具体的に入力してください。（250文字以内）

私は子ども向けイベントの企画運営ボランティア経験から、多くの親が子育てに関する情報や相談を必要としていることを知り、子育て支援を行う仕事に挑戦したいと考えています。現在の特別区ではオンライン相談などを行っているため、取り組みの紹介動画作成やSNSを活用して、利用者拡大を目指していきたいです。そのために、私の強みである困難に直面しても打ち勝つ粘り強さや大学時代に培った企画力が生かせると考えます。区民の生活を様々な側面からサポートし、区民の反応を肌で感じることができる特別区の職員を強く志望します。

❷あなたが一つのことをやり遂げた経験を挙げ、その中で最も困難に感じたことと、それをどのように乗り越えたかを入力してください。（250文字以内）

私は高校1年生の時、ハンドボール部のマネージャーとしてチーム目標であった全国大会出場のために、選手のプレー分析を行い、選手個人の課題を見出して練習に生かすことができました。しかし、分析を担当した最初の年に、先輩方の代は全国大会に出場できず悔しい思いをしました。この敗戦を機に、次の年は相手チームの分析や数字や図を用いて可視化した分析が必要であると気づき、戦う学校のシュート確率やプレーを分析して、選手たちの練習に生かしました。そして目標の全国大会出場を叶え、マネージャーとして貢献できました。

❸目標達成に向けてチームで行った経験において、チームへの貢献につながったあなた独自のアイディアを、ご自身の役割とともに入力してください。（250文字以内）

大学で所属しているゼミは、市内飲食店の活性化を目標とするイベントを企画運営しています。私の役割はSNS班のリーダーとして投稿する画像や動画の編集をすることでした。イベントテーマが大正ロマンになり、投稿画像をかるたのようにして見る人に大正時代を感じさせ、目を引く編集にすることでイベントの認知度が上がると考えチームに提案し、実行しました。前年度は参加店舗が6店舗で少ないことが課題でしたが、SNSを見て参加する人も増え、昨年より11店舗多く参加してもらいイベントの認知度もあがり活性化を促進できました。

▶山ちゃんCheck！

2022年の試験から、受験申込（３月中旬から４月初旬）の際に提出することになりました。このため、十分に練ることができずに、面接時に❶のプレゼンテーションで苦労した受験生も多くいました。

❶は、上に示したように、面接の冒頭に３分のプレゼンテーションを求められます。「挑戦したい仕事」「あなたの強み」「志望動機」が求められているので、これらを関連付けて書きましょう。また、仕事の前提にある特別区の抱える課題や、どのような地域社会を作りたいのかという目標も意識して、そこに強み＝自分のコアをどう活かすのかを絡めて書きましょう。

❷では、なぜそれをやろうと考えたのか＝目標は何だったのかを考えましょう。そして、その目標達成の課題＝困難ですから、その課題をどう認識し、どう克服したのかを書くことになります。その中に、自分をどのように高められたのかという特性が出てきます。やり遂げたことの成果の大きさ（たとえば大会で優勝したとか）ではなく、そのプロセスの中でどのような特性＝強みを実感できたかがポイントです。

❸では、チームの中でのあなたの立ち位置、共通の目標を持つ集団の中であなたが他者とどうかかわって、目標の実現に寄与したのかを問うものです。その中に、他者に対する特性が見えてきます。❷と❸で、対自己と対他者における自分の特性を示すことができればよいですね。

［記載内容について］

❶「どのような仕事に挑戦したいか」では、下の❷・❸で示されたエピソードから引き出せる「強み」を活かせるものになっており、面接でもよい流れを作れそうです。３分間のプレゼンテーションでは、これに肉付けをして、自分の言葉で実感を持って話せたら大変良い評価をもらえそうです。❷「やり遂げた経験」については、何が「困難に感じた」のか明示できていないのが残念です。もちろん、面接の中で話すことができればよいので、本番までにまとめておきたいところです。❸「チームで行った経験」については、よいエピソードを持っていますね。これで十分でしょう。

面接カード記入用紙

［記入日：令和　　年　　月　　日］

山形県総務部人事課

試験区分 行政（ICT）	受験番号 記載しない	生年月日 昭和・平成　　年　　月　　日 （満　　　歳）	【写真貼付欄】 ・上半身、脱帽、正面向きで6ヶ月以内に撮影した本人の写真 ・縦4cm×横3cm ・写真の裏面に試験区分、受験番号、氏名を記入
ふりがな 氏　名			
現住所		連絡先（帰省先等）※現住所と同じ場合は記載不要	

注1）　記入日現在の状況を書いてください。
注2）　学歴・職歴の期間には「平成」か「令和」を記載してください。
注3）　このカードは、人物試験の参考資料として使用するものです。

1　学歴（義務教育終了後の学歴を順に書いてください。）

学　校　名 （所在都道府県名）	学部・学科・専攻	部・クラブ活動 サークル等	在 学 期 間	就 学 状 況 ※該当する□にレ印
（　　　　）			年　月から 年　月まで	□卒　　業　□卒業見込 □＿年在学　□＿年中退
（　　　　）			年　月から 年　月まで	□卒　　業　□卒業見込 □＿年在学　□＿年中退
（　　　　）			年　月から 年　月まで	□卒　　業　□卒業見込 □＿年在学　□＿年中退
（　　　　）			年　月から 年　月まで	□卒　　業　□卒業見込 □＿年在学　□＿年中退

2　職歴（アルバイトを含め、主なものを順に書いてください。）

勤 務 先 名 （所在都道府県名）	配属課・役職名	担当職務内容	在 職 期 間	勤 務 形 態 ※該当する□にレ印
（　　　　）			年　月から 年　月まで	□正社員　□アルバイト □派遣社員 □その他（　　　　）
（　　　　）			年　月から 年　月まで	□正社員　□アルバイト □派遣社員 □その他（　　　　）
（　　　　）			年　月から 年　月まで	□正社員　□アルバイト □派遣社員 □その他（　　　　）
（　　　　）			年　月から 年　月まで	□正社員　□アルバイト □派遣社員 □その他（　　　　）

3　資格・免許等

取得見込（予定時期を記載）のものを含めて書いてください。

4　この試験以外の就職活動等

他の公務員試験の受験状況、民間企業等への就職活動の状況等について、予定を含め全て書いてください。

（裏面にも記入してください。）

山形県総務部人事課

5　専門性、志望動機等

① あなたはどのような専門性（職務経験、知識、資格等）を持っていますか。できるだけ具体的に書いてください。

② ①のあなたの専門性を、山形県行政にどのように貢献できると考えていますか。できるだけ具体的に書いてください。

③ 山形県職員を志望する理由と山形県職員としてどのような仕事を行いたいかを書いてください。

6　長所・短所

長所	短所

7　性格・特技

■ 茨城県庁

面　接　票

※2枚目もあります。
茨城県人事委員会

障害者選考	希望職種	第1希望	第2希望	受験番号		氏名	(ふりがな) （満　　歳）

本県の職員を志望した動機・理由	
学生時代に力を入れて取り組んだ学科とその内容	趣味・特技、特筆すべき資格等
これまでに経験した主な部活動、サークル、ボランティア活動等の名称、期間、内容 （役職等の経験があれば、併せて記入してください。）	
主な職歴（アルバイトを含む。）の業種、期間、内容	
あなたが自覚している自分の性格 長所　　短所	
最近関心を持っていることとその理由	
自己PR（あなたが得意なこと、これまでに力をいれてきたことなど、自由に記入してください。）	
本県に採用されたら、職員として取り組みたいこと（希望勤務課所等を含め、具体的に記入してください。）	

※2枚目

受験番号	

次の不完全な文章を読み、最初に浮んだあなたの考えをそのまま書き足して、文章をつくってください。

(1) 子供のころ私は
(2) 私は　　　　だけは誰にも負けない。
(3) 家では
(4) 私が悩んでいることは
(5) 私はよく人から
(6) 私は　　　　譲れない。
(7) 今までで一番楽しかったのは
(8) 今までで一番つらかったのは
(9) 私がいらいらするのは
(10) 茨城県は　　　　するべきだ。

他の就職試験等の状況 受験した(予定の)職種 例：特別区、○○市(事務) 金融業 等		状況：受験前	1次等×	受験中	最終×	最終○	受験した(予定の)職種 例：国家一般職，国税 ○○大学 等		状況：受験前	1次等×	受験中	最終×	最終○
地方公務員	茨城県			○			国家公務員						
民間企業							進学・その他						

注意事項
○この面接票は事前に記入して、第1次選考当日（10月23日(日)）持参してください。
○該当しない事項欄については、「なし」と記入してください。

■ 千葉県庁

面　接　カ　ー　ド

千葉県人事委員会

試験職種	上　級 中・初級　　職 資格免許	受験番号		ふりがな 氏　名	
生年月日	昭和・平成　　年　　月　　日　（令和　年4月1日現在で　満　　歳）				
現 住 所					

学歴（最近のものから順に3つ記入してください。卒業区分は該当を○で囲んでください。）

学校名	学部学科・専攻名	期　間	卒業区分
		年　月～　年　月	卒業・卒業見込・中退
		年　月～　年　月	卒業・卒業見込・中退
		年　月～　年　月	卒業・卒業見込・中退

職務経験（最近のものから順に記入してください。雇用の形態は該当を○で囲んでください。）※在学中のアルバイトを含む。

勤務先名	雇用の形態	職務（仕事）の内容	在職期間	退職の理由
	正社員・派遣・ｱﾙﾊﾞｲﾄ その他(　　)		年　月 ～　年　月	進学・就職・健康上の理由・転居 その他（　　）
	正社員・派遣・ｱﾙﾊﾞｲﾄ その他(　　)		年　月 ～　年　月	進学・就職・健康上の理由・転居 その他（　　）
	正社員・派遣・ｱﾙﾊﾞｲﾄ その他(　　)		年　月 ～　年　月	進学・就職・健康上の理由・転居 その他（　　）
	正社員・派遣・ｱﾙﾊﾞｲﾄ その他(　　)		年　月 ～　年　月	進学・就職・健康上の理由・転居 その他（　　）

1　受験の動機等について

千葉県職員志望の動機・理由

千葉県職員としての抱負（採用された場合どのような仕事をしてみたいか、どのような仕事に興味があるか）

2　就職活動の状況について

	受験した（予定の）職種 例：東京都Ⅰ類 ○○市役所○級 流通業　等	結果及び予定 例：1次(不)合格 2次受験 最終合格・内定	志望順位		受験した（予定の）職種 例：国家総合職 裁判所事務官　等	結果及び予定 例：1次(不)合格 2次受験 最終合格・内定	志望順位
地方公務員	[千葉県　]			国家公務員	[　]		
	[　]				[　]		
	[　]				[　]		
	[　]				[　]		
民間・進学等	[　]				[　]		
	[　]				[　]		

3　学校生活について

得意な学科・専攻分野	最も印象に残っていること
卒論テーマ・所属ゼミの研究テーマ（※該当する場合のみ）	

卒論・所属ゼミの研究内容について（要旨を簡潔に説明してください。）（※該当する場合のみ）

4　これまでの活動実績（中学校以降）

区分	クラブ・サークル活動等	役員・委員等	資格免許・活動成績（※）
中学校			
高校			
大学・専門学校			
その他			

※普通自動車運転免許、実用英語検定○級、全国大会○位など

5　あなたの性格について（具体的に記入してください。）

あなたが考える自分の性格	長　所	
	短　所	

6　趣味・特技等について

7　最近関心をもったことがら

8　これまで一番つらかったこと（それをどのようにして克服したかも含めて記入してください。）

9　自己PR欄（「過去に打ち込んできたこと」「最も自信を持っていること」のいずれか又は両方について具体的に記入してください。）

面　接　カ　ー　ド（表）

※該当する□の中にはレ印を付けてください。　　山梨県人事委員会

※太枠内を全て記入し（両面）、第2次試験第1回（7月2日）当日に持参してください。

大学卒業程度		受験番号	1 氏名等	ふりがな 氏　名 （生年月日）昭和 平成　年　月　日（　　歳） ※令和6年4月1日時点の年齢を記入すること。
職種				

2 学歴（注）		区　分	学部・学科 専攻課程等	卒論・ゼミテーマ，最も興味を持った科目	在　学　期　間
	最終（現在）	□大学院　□大学 □その他（　　）			平成 令和　年　月～平成 令和　年　月 □卒見　□卒　□中退　□その他（　　）
	上記の直前	□大学　□高校 □その他（　　）			平成 令和　年　月～平成 令和　年　月 □卒　□中退　□その他（　　）

3 職歴（注）		勤　務　先　名	職　務　内　容	在　職　期　間	就業の形態
	最終（現在）			平成 令和　年　月～平成 令和　年　月 （　年　月）	□正社員　□アルバイト □その他（　　）
	上記の直前			平成 令和　年　月～平成 令和　年　月 （　年　月）	□正社員　□アルバイト □その他（　　）
	上記の直前			平成 令和　年　月～平成 令和　年　月 （　年　月）	□正社員　□アルバイト □その他（　　）
	上記の直前			平成 令和　年　月～平成 令和　年　月 （　年　月）	□正社員　□アルバイト □その他（　　）

4 学校生活等

［資格・免許等（名称、取得年月日）］　［趣味・特技］

［学校、職場、地域などで参加したサークル，クラブ，地域活動，ボランティア活動］

5［志望理由］

［志望業務］

6［時事問題（最近、最も関心を持った事柄とそれについて思ったことについて具体的に記述してください。）］

（注）「2　学歴」欄には、大学等の名称は記入しないでください。

（注）「3　職歴」欄には、継続して在職している場合、終期年月を記入しないでください。また、正社員で就業していたものを優先的に記入してください。

大学卒業程度	受験番号
職種	

面　接　カ　ー　ド（裏）

7［あなたの人柄について、エピソードを家族や友人など他者との関わりに触れながら具体的に記述してください。］

8［学生生活、職場などで、最も達成感があったと感じたり、力を入れてきた経験について具体的に記述してください。］

9［学生生活、職場などで経験した困難や失敗に対して、どのように工夫し克服したのか具体的に記述してください。］

10［自己PR］

11［行政・警察行政　以外の試験職種のみ記入してください。］
あなたが、大学等で研究したテーマについて明示し、またその研究内容について具体的に分かりやすく記述してください。
○研究テーマ：

○研究内容：

12［上記のほか、就業にあたり伝えておきたいことがありましたら記入してください。］　※必須ではありません。

13［山梨県庁以外の就職活動等］（あてはまるものすべてに○）
① 他の公務員試験（国家公務員、他の都道府県、市区町村、警察官、教員など）（団体名：　　）
② 民間会社を受けている。③ 進学を考えている。④ 合格（内定）した官庁、民間会社がある。⑤ その他（　　）

※　記載事項に不正があると、職員として採用される資格を失うことがあります。

■ 京都府庁

この面接カードは面接時の参考資料として使用します。	〈記入上の注意〉	○ 自筆で濃く記入してください。該当のない場合は「なし」と記入してください。 ○ 男・女、1・2などで区分している項目は該当するものを○で囲んでください。性別欄の記入は任意です。 ○ 学歴欄・職歴欄は、記入例のように学校名や会社名などは伏せて記入してください。

面接カード（令和　年　月　日 現在）※必ず両面印刷（短辺綴じ）で提出すること

試験区分		ふりがな		男・女
受験番号		氏　名	年　月　日生	（満　歳）
現 住 所	〒 Tel・携帯　（　　）　－			
現住所以外の連絡先	〒 Tel・携帯　（　　）　－			

この試験以外の官公庁又は民間企業等の採用試験					
官公庁名（企業名）					
職　種					
合　否					

進 学 試 験	大学（院）　科（修・博）		
志望順位（京都府含む）	1	2	3
所属クラブ等（期間・役職・成績等）			
社会的活動、学生生活、クラブ活動、アルバイト等で力を入れてきたこと			
学業や職務において力を入れてきたこと			

学歴	大学・高校等、学部、学科名	卒業(見込)等	在学期間
	最終		年　月～　年　月
	その前		年　月～　年　月
	その前		年　月～　年　月
	その前		年　月～　年　月

職歴	業種（職種）	所在地	在職期間
	最終		年　月～　年　月
	その前		年　月～　年　月
	その前		年　月～　年　月
	その前		年　月～　年　月
	その前		年　月～　年　月

裏面（次頁）も記入してください。

試験区分		受験番号		氏　名	

資格・免許 趣味・特技		京都府職員を志望する理由	
試験区分の職を選んだ理由と、取り組みたい仕事や興味のある分野		あなたのこれまでの経験や取組を踏まえ、具体例を挙げた上で下記の求める人材像に照らして自分自身をアピールしてください。	

<京都府が求める人材像>
京都府では、府民目線に立ち、現場主義を徹底できる方、前例にとらわれず、果敢にチャレンジできる方、府民・市町村・企業・団体などあらゆる主体と連携・協働できる方を求めています。

■ 和歌山県庁

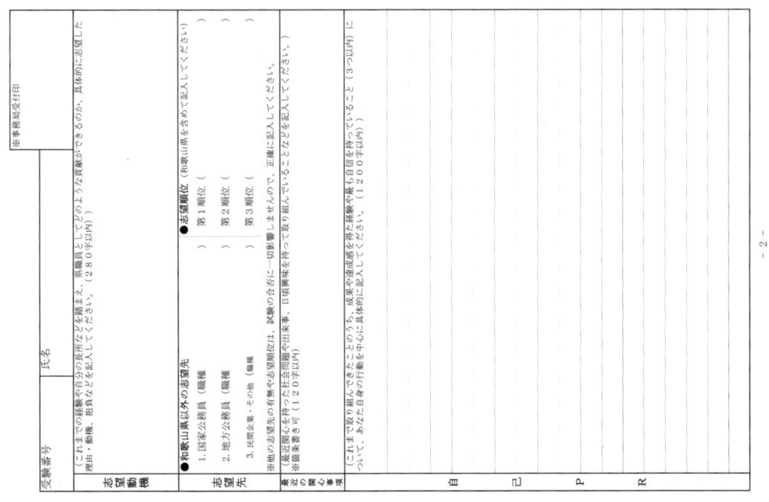

※事務局受付印

受験番号　｜　氏名

志望動機
（これまでの経験や自分の長所などを踏まえ、県職員としてどのような貢献ができるのか、具体的に志望した理由・動機、抱負などを記入してください。（２８０字以内））

志望先

●和歌山県以外の志望先	●志望順位（和歌山県を含めて記入してください）
1. 国家公務員（職種　　　）	第１順位（　　　）
2. 地方公務員（職種　　　）	第２順位（　　　）
3. 民間企業・その他（職種　　　）	第３順位（　　　）

※他の志望先の有無や志望順位は、試験の合否に一切影響しませんので、正確に記入してください。

最近の関心事項
（最近関心を持った社会問題や出来事、日頃興味を持って取り組んでいることなどを記入してください。）
※箇条書き可（１２０字以内）

自己PR
（これまで取り組んできたことのうち、成果や達成感を得た経験や最も自信を持っていること（３つ以内）について、あなた自身の行動を中心に具体的に記入してください。（１２００字以内））

－２－

自　己　紹　介　書　（注意事項をよく読んで記入してください。）　＜Ｉ種・資格免許職＞

試験区分　｜　受験番号　｜　フリガナ　氏名

生年月日　西暦　年　月　日　｜　年齢　歳

現住所（市町村名まで）

その他の連絡先（ない場合は記入不要）（市町村名まで）

学歴

最終学歴：学校名　西暦　年　月　～　西暦　年　月　・卒業(修了)・卒業(修了)見込
学部・学科名　｜　専攻分野、ゼミナール・卒論等の研究テーマ

前学歴：学校名（最終学歴の前）　※中学までの学歴は記入不要。　｜　学部・学科名　西暦　年　月　卒業
学校名（上記の前）　※中学までの学歴は記入不要。　｜　学部・学科名　西暦　年　月　卒業

課外活動歴
クラブ名・ボランティア活動名等（活動時期：学年等）　｜　クラブ名・ボランティア団体等でのあなたの役割　｜　活動内容（成績、表彰歴等）

免許等
（取得見込みの免許・資格等については「（見込み）」と記入してください。）

学校卒業後の経歴

期間	勤務先・専門学校等の名称	業務、専門等の内容	退職、退学等の理由
西暦　年　月～ 西暦　年　月			
西暦　年　月～ 西暦　年　月			
西暦　年　月～ 西暦　年　月			
西暦　年　月～ 西暦　年　月			
西暦　年　月～ 西暦　年　月			
西暦　年　月～ 西暦　年　月			

趣味　｜　特技

性格
（自覚している性格を記入してください。）

－１－

※第１次試験の受付で提出してください。
自筆で記入してください。

自 己 紹 介 書

島根県人事委員会

受験番号	試験区分	氏名（ふりがな）	年齢(令和6年4月1日現在)
			歳

１．学歴・職歴　＊学歴：義務教育課程は記入不要　学部・学科も記入すること。

年 月～ 年 月	学 歴 ・ 職 歴
H/R 年 月～H/R 年 月	
H/R 年 月～H/R 年 月	
H/R 年 月～H/R 年 月	
H/R 年 月～H/R 年 月	
H/R 年 月～H/R 年 月	
H/R 年 月～H/R 年 月	
H/R 年 月～H/R 年 月	

２．志望の動機

３．クラブ活動、スポーツ、文化活動、ボランティア活動、資格等

４．最近関心を持ったことがら（箇条書き）

・
・
・

５．自己ＰＲ

６．本採用試験以外の就職活動等の状況（該当するものにチェックしてください。複数回答可。）

□国家（総合職）	□国家（一般職）	□国家その他（　　　）	□県外自治体等職員（　　　）
□島根県職員	□島根県警察官	□島根県教員	□県内自治体等職員（　　　）
□県外警察官	□独立行政法人等	□民間企業	□進学等その他（　　　）

＊この自己紹介書は、個別面接時における質問の参考とさせていただくもので、ここに記入された事柄自体を評定の対象とするものではありません。

■ 鹿児島県庁

令和5年度　鹿児島県職員採用試験（大学卒業程度）エントリーシート

受験番号	

※ エントリーシートの記入例をよく読んで記入してください。虚偽の記載であることが判明したときには合格を取り消すことがあります。

【特別枠】	試験区分		※ 写真を貼付すること（写真がない場合は受験できません）。 ※ 自筆（黒ボールペン又は黒インク）で記入すること。		
ふりがな					（写真貼付） ・縦4cm×横3cm ・提出日前3か月以内に帽子をつけないで正面上半身を撮影したもの ・写真裏面に試験区分及び氏名を記載
氏　名			生年月日	平成　　年　　月　　日（　　）歳	
現住所　〒				（電話　　－　　－　　） （携帯電話　　－　　－　　）	

1 経歴	期　間	名称（高校・大学等は学部学科まで記入すること）	区　分	備考（所在地・職務内容等）
	年　月 年　月			
	年　月 年　月			
	年　月 年　月			
	年　月 年　月			
	年　月 年　月			
	年　月 年　月			

2　受験の動機，理由

3　県職員としてやってみたい仕事や業務及びその理由

4　あなたのこれまでの経験や知識等を挙げた上で，鹿児島県が取り組むべき課題を挙げて，あなたならどのような取組を行いたいか，あなたの考えを記入してください。

5 希望勤務地等	希望勤務地	第1希望		第2希望		その他どこでも　可・不可
	希望部局名	第1希望		第2希望		その他どこでも　可・不可

6　最近関心を持った社会問題や出来事，日頃興味を持って取り組んでいることなどについて記入してください。

※ このエントリーシートは第1次試験時に必ず提出すること。提出がない場合は，第1次試験を受験することはできません。

両面	様式を鹿児島県職員採用試験のホームページからダウンロードする場合は，両面印刷としてください。	受験番号		氏　名	

7　あなたの人柄について，エピソードなども入れて具体的に記入してください。

8　これまでの学校生活，社会活動，職業体験，留学などの中で，最も力を入れてきた事柄について記入し，それに取り組む過程で直面した困難等に対して，どのような行動・役割をしたのかできるだけ具体的に記入してください。

9　学業について力を入れたことや評価されたことなどについて記入してください。

卒論・ゼミのテーマ				

10 趣味等	趣味・特技				
	部（クラブ）活動 サークル活動等	時　期	名　称	試合での戦績・実績等	役職等の経験
	アルバイト歴 ※主なものを2つまで記入してください。	アルバイトの内容	従事した内容		従事期間
					年　月 ～ 年　月
					年　月 ～ 年　月
	ボランティア等				

11 資格・免許	取得年月	名　称	取扱官庁（団体）名	取得年月	名　称	取扱官庁（団体）名

12 就職・進学	分類	試験・団体名	区分・職種	1次試験	2次試験	3次試験	備考
	国家公務員						
	地方公務員						
	民間企業 その他						
	進学						

※ このエントリーシートは第1次試験時に必ず提出すること。提出がない場合は，第1次試験を受験することはできません。

■ 沖縄県庁

様式第４号の１

受験番号		試験区分	
氏　名			

面　接　カ　ー　ド

沖縄県行政で関心のある施策・部門			
離島勤務その他遠隔地での勤務の可否			
地域・社会活動（ボランティア活動等）・クラブ・サークル活動等			
趣味・特技			
資格・免許・表彰等			
好きな学科とその理由又はゼミナール、卒業研究のテーマ等			
学生生活で最も印象に残った事柄			
自分の性格（長所）			
健康状態			
職歴	勤務先（アルバイト経験含む）	所　在　地	在　職　期　間
	現在（最終）		年　月～　年　月
	その前		年　月～　年　月
	その前		年　月～　年　月
就職活動状況 ・他の公務員試験の受験状況 ・民間企業の受験状況			

＜これまでに取り組んだ活動や体験＞

①学生生活、社会的活動、職業体験などにおいて、どのような分野で、どのようなことに力を入れてきたかについて、その理由も含めて記入してください。

②①の取組の中で、達成感があったと感じている経験について、どのような状況・場面で、どのような工夫をして成果をあげたのか、あるいは、うまくいかずに苦労したがそれを克服したことがあれば、そのエピソードなどを、具体的に記入してください。

＜関心事項＞　最近関心を持ったことがら（社会生活、時事問題、世界情勢など）について、あなたの意見や考えを記入してください。

＜志望動機・自己ＰＲ＞　なぜ沖縄県職員を志望しているのか、沖縄県職員としてどのように仕事をしていきたいと考えているのかについて記入してください。

（日本工業規格Ａ３）

■ 新潟市役所

手書き様式

年　月　日記入

履歴書

※和暦での記入をお願いします。

受験番号	－	ﾌﾘｶﾞﾅ 氏名	
職種		生年月日	年　月　日生（令和６年４月１日現在　満　歳）
連絡先 住所	〒　－		
連絡先 電話	－　－	携帯電話	－　－

写真を貼る
写真の裏面に受験番号・氏名を記入
※６か月以内に撮影したもの。
写真がないと受験できません。
（縦４cm 横３cm程度）

※連絡先は、必ず連絡が取れる住所と電話番号を記入してください。

1　学歴（５つまで）　　注：直近のものから順に高等学校までを記入。

	在学期間	学校名・学部・学科・専攻等	卒業・卒業見込等
直近	年　月～　年　月		
	年　月～　年　月		
	年　月～　年　月		
	年　月～　年　月		
過去	年　月～　年　月		

2　職歴（アルバイトを含む４つまで）　　注：直近のものから順に記入。身分欄は、正社員・アルバイト等。

在職期間	勤務先（　身分　）	職務内容
年　月～　年　月		
年　月～　年　月		
年　月～　年　月		
年　月～　年　月		

3　ボランティア活動や海外留学経験等（３つまで）　　注：直近のものから順に記入。

期間	ボランティア活動・海外留学経験等の内容
年　月～　年　月	
年　月～　年　月	
年　月～　年　月	

4　免許・資格（５つまで）　注１：**運転免許や受験資格に関する資格免許**については、見込みも含めて必ず記入。
注２：**外国語の語学能力に関する資格等**を有する場合は、検定試験の級や点数等も記入。

年	月	免許・資格

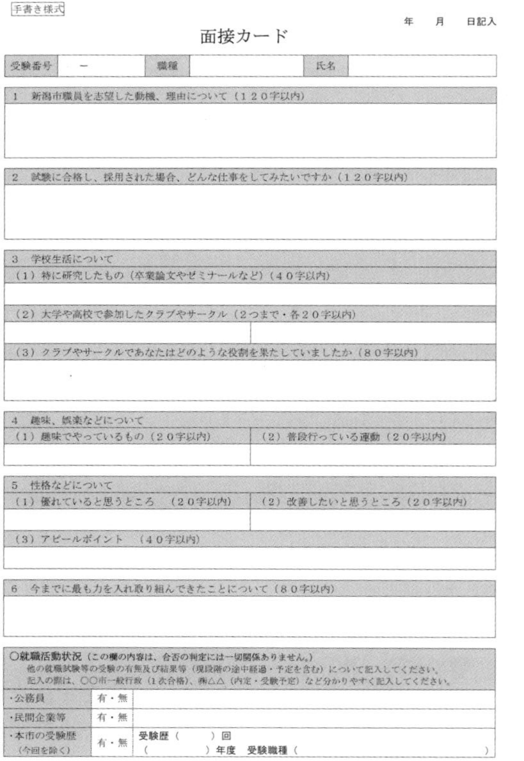

手書き様式

年　月　日記入

面接カード

受験番号	－	職種		氏名	

1　新潟市職員を志望した動機、理由について（１２０字以内）

2　試験に合格し、採用された場合、どんな仕事をしてみたいですか（１２０字以内）

3　学校生活について
（1）特に研究したもの（卒業論文やゼミナールなど）（４０字以内）
（2）大学や高校で参加したクラブやサークル（２つまで・各２０字以内）
（3）クラブやサークルであなたはどのような役割を果たしていましたか（８０字以内）

4　趣味、娯楽などについて
（1）趣味でやっているもの（２０字以内）　（2）普段行っている運動（２０字以内）

5　性格などについて
（1）優れていると思うところ　（２０字以内）　（2）改善したいと思うところ（２０字以内）
（3）アピールポイント　（４０字以内）

6　今までに最も力を入れ取り組んできたことについて（８０字以内）

○**就職活動状況**（この欄の内容は、合否の判定には一切関係ありません。）
他の就職試験等の受験の有無及び結果等（現段階の途中経過・予定を含む）について記入してください。
記入の際は、○○市一般行政（１次合格）、㈱△△（内定・受験予定）など分かりやすく記入してください。

・公務員	有・無	
・民間企業等	有・無	
・本市の受験歴（今回を除く）	有・無	受験歴（　）回 （　）年度　受験職種（　）

■ 北九州市役所

〈提出方法〉
片面印刷(A4 サイズ)
ホチキス留めなし

試験区分		受験番号	

北九州市職員(上級等)採用試験　面接シート　　令和 5 年 6 月18 日時点

・シートの様式(各枠内の行数及び字の大きさ)は変更しないこと。
・1枚目、2 枚目ともに最上部の「試験区分」「受験番号」「氏名(2 枚目のみ)」も記入すること。
・「試験区分」は受験番号確認表に表示された区分名を記載すること。

ふりがな 氏名		年齢	満　　歳
住　所			
趣味・特技 セールスポイント			
卒論・ゼミ・研究等のテーマ			

※以下の記号の「S」は昭和、「H」は平成、「R」は令和の年号を表す

学　歴（直近のものから順に3つまで記載）		
学校名（学部・学科・専攻まで）	在学期間（年号・卒業等をレ点でチェックすること）	
	□S □H □R　年　月～ □S □H □R　年　月	□卒業 □卒業見込 □在学中 □中退
	□S □H □R　年　月～ □S □H □R　年　月	□卒業 □中退
	□S □H □R　年　月～ □S □H □R　年　月	□卒業 □中退

職　歴（直近のものから順に4社まで記載。アルバイトは含まない。）			
勤務先（配属部署まで記載）	在職期間（年号をレ点でチェックすること）	雇用形態・役職等	具体的な職務内容
	□S □H □R　年　月～ □S □H □R　年　月		
	□S □H □R　年　月～ □S □H □R　年　月		
	□S □H □R　年　月～ □S □H □R　年　月		
	□S □H □R　年　月～ □S □H □R　年　月		

保有資格、免許、検定等			
名 称	取得年月（年号をレ点でチェックすること）	名 称	取得年月（年号をレ点でチェックすること）
	□S □H □R　年　月		□S □H □R　年　月
	□S □H □R　年　月		□S □H □R　年　月

併願状況	
併願先（企業・団体・自治体等の名称）	選考状況（例：内定取得、2次面接結果待ち 等）

試験区分		氏名		受験番号	

① あなたが北九州市役所を志望する理由について、具体的に記入してください。（200字程度）

② あなたが入職後にどのように経験を積み、将来どのような活躍がしたいと考えているか、関心を持つ本市の施策や分野を踏まえて、記入してください。（200 字程度）

③ あなたがこれまでの生活や仕事の中で経験した最も大きな困難や苦労と、それをどう乗り越えたかについて、具体的に記入してください。（250字程度）

④ あなたがこれまでの生活や社会的活動、職務などにおいて、自分から積極的に挑戦し、成果を挙げた経験について、成果を出すために新たに工夫した点を踏まえて、具体的に記入してください。（250字程度）

■ 熊本市役所

令和５年度（2023年度）　熊本市職員採用試験　面接カード

職　種		受験番号	
フリガナ			
氏　名			
生年月日	昭和・平成　　年　　月　　日 【令和６年（2024年）４月１日現在の年齢（　　　歳）		
住　所			

（写真貼付欄）
縦４ｃｍ×横３ｃｍ

学歴について最近のものから順に記入してください	学校名	期間
	学校名	期間

項目	記入欄	
1　志望理由を簡潔に説明してください		
2　あなたが熊本市職員となった場合、貢献できることはどんなことがありますか		
3　あなたが自覚している自分の性格について記入してください		
4　あなたの趣味・特技について記入してください	趣　味	特　技
	①	①
	②	②
	③	③

5　職業（アルバイト含む）やボランティア（社会貢献活動）の経験について最近のものから順に記入してください	内　容	期　間
	①	年　月～　年　月
	②	年　月～　年　月
	③	年　月～　年　月

項目	記入欄
6　あなたがこれまでに学校生活やクラブ活動、ボランティア活動や仕事等を通して自分自身が成長したと感じられる経験を具体的に理由なども含めて２つ記入してください	① ②
7　最近関心を持っていることを記入してください（箇条書きで３つ以内）	① ② ③
8　大学等での卒業研究のテーマとその内容について簡潔に記入してください	テーマ： 内　容：
9　自己ＰＲ	
10　他に受験した公務員試験等について記入してください	

※　この面接カードは口述試験の参考資料として使用します。また面接以外の目的には使用しません。
※　該当がない項目については「なし」と記入してください。

\山ちゃんの/
「コア」が見つかる 面接相談室

その1 自分の強みは「過去」から探す！

面接試験を控えているのに対策が一向に進まない受験生。カウンセリングを通じて面接に必要な「コア」をいっしょに見つけるシリーズです。

先生、面接対策で完全に行き詰まってしまって…相談に乗ってもらえますか？

ずいぶん疲れた表情だね。どうしてそんなに困っているのかな？

先生の言う「コア」を、どうしたらきちんと固めていけるのかがわからないんです。

確かに、漠然と考えていても答えをポンと出せるようなものではないね。じゃあ、いっしょに段階を追って考えてみようか。

はい、よろしくお願いします！

まず、簡単に大枠を確認しておこう。この本の31ページにもあるけれど、だいたい次のような区切りで考えてみるといいよ。

「コア」の考え方

❶ 自分の強み　❷ 受験先の政策・理念　❸ 理想の公務員像

ひゃー、道のりは長そうですね…。

言い換えれば、❶は「自分ができること」、❷は「求められること」を見つけることに当たるね。そして❸は「求められること」に対して「自分ができること」を活かして成長していくような職員像をイメージするといいかもね。

そうか、公務員の仕事で必要なことと、自分の持ち味・強みを頭の中でマッチングさせるようなことを考えればいいんですね。

そうだね。じゃあまず、❶自分の強みについて分析してみようか。ここでは自分自身の過去の経験を掘り返す作業をしていくことになる。どうしてかわかるかな？

いやー、どうしてなんでしょう…？

例えば、面接である受験生が「私は何事も最後までやり抜くことができます」というアピールをしたとしよう。ところが別の受験生も「私はどんなにつらくても最後まであきらめません」と似たようなアピールをしたとする。２人のうち１人だけ採用する場合、この言葉だけでは判断ができないよね。

そうか、だからその強みが過去のどのような経験に裏打ちされているのか、が問題になるんだ！

似たようなアピールでも、それを身に付けるまでに得てきた経験はみんな違うはずだからね。面接官は過去の経験を通じて受験生を立体的に見ようとしているんだ。

じ、実は、その過去の経験が最も自信のないところなんです…。

なるほど、どうしてそんなふうに感じるんだろう？

周りの受験生と違って、私には海外留学の経験もないし、サークルで幹部を務めたわけでもないし、アルバイトもありふれた仕事しかしていないし…。

そうか、もしかしたらちょっと勘違いしているのかも。海外経験とか、リーダー経験とか、そういった客観的な事実じたいが面接で評価されるわけではないよ。ありふれた学生生活を送った受験生が、非凡な経験を数多く積んだ受験生に必ず劣るということはないんだ。

えっ、そうなんですか？

たまに、過去の活動を見せびらかすように面接カードに書き散らかしたり、面接で滔々とアピールしたりする受験生を見かけるけど、面接官をげんなりさせるだけじゃないかな。

人と違う、目を引くような経験がないとダメなんだと思ってました…。

山ちゃんのアドバイス

例えばリーダーシップは「強み」の１つの形ではありますが、組織で仕事をするときに、チーム全員がリーダー気質である必要はありません。周りを引っ張っていく人、誰かをサポートする人、目立たないけれどコツコツ役割をこなす人、気配りや同僚との接し方でチームの雰囲気をよくするのが持ち味の人、どんなタイプの人にも、仕事の中で自分のよさを発揮しながら役立つチャンスがあるはずです。

自信を持ってアピールするために、あなたらしい「強み」を探してみましょう。

そうか、なんだか私にもアピールできるものが見つけられそうな気がしてきました。

じゃあ、次回は過去の経験から強みを見つける作業に入っていこう。

⇒154ページに続く！

Section 3

いざ、面接試験にのぞもう

面接試験での話し方

面接試験では、どのように話すのかも大きなチェックポイントの１つです。面接カードに書いたことを暗記してそのまま話すなどというのは、愚の骨頂です。そもそも書き言葉と話し言葉は違います。また面接には流れというものがありますから、回答をセリフのように記憶して話すというのもいけません。セリフは劇という流れの決まったものの中でしか威力を発揮しないものです。自分の回答の中でのキーワードを明確にし、それだけは絶対に話そうという気持ちで、あとは流れに任せることが大切です。

質問には、志望動機や自己PR、何をやっていきたいかといった、皆さんのこれからに対する意識を問うものと、これまでの皆さんの経験などの過去の事実を問うものがあります。当然、それぞれの質問に応じた話し方があります。

● これからの意識を問うもの

面接試験で最も大きなポイントになるのが、この「これからの意識」を問う質問です。私の手元にある、とある自治体の面接官のマニュアルでも、評価されるべき項目として挙げられています。第２章１「面接対策の秘伝～すべては「コア」の構築から」で述べた「当たり」かどうかは、まさにこの質問でチェックされるものです。やはり、この質問に対する回答は、自分のコアが面接官に伝わるように話さなければなりません。話の端々に自分のコアのキーワードを散りばめて、あなたはこういった人なのだ、というしっかりとした印象を面接官に与えることができるようにしましょう。

● 過去の事実を問うもの

過去の事実を問う質問には、まず問われていることに対する答えを真っ先に話して明確にすることが必要です。より具体的に話そうとして、質問に対する回答そっちのけであれこれ話す受験生がいますが、それでは面接官と話のキャッチボールにはなりません。問われた質問に対する回答を冒頭に述べる。これが大切です。そのうえで、事実である以上そこでの実感があるはずですから、その実感が伝わるエピソードを簡潔に答えることができれば十分です。

楽しかったことは楽しそうに、辛かったことは辛かったことがわかるように話しましょう。もちろん、オーバーな表現はNGですが、実感を話すことで、この受験生は本当のことを話すのだという印象を持ってもらえれば、意識を答える回答の信憑性も増してきます。

○ 思わぬ質問にどうやって対処するか

いくら面接対策で想定していても、すべての質問を想定することは不可能です。また、想定していても回答が難しい質問もあります。

● 難しい質問にはどうやって答えるのか

難しい質問だからといって、黙り込んでしまったらアウトです。何分も考え込んでしまうわけにもいきません。そのような場合、まずは難しいという表情とともに、「非常に難しい質問です」と答えましょう。そのうえで、一呼吸おいて「今現在考えていることを率直に申し上げれば…」と述べて、考えたことを答えていきましょう。

面接官も難しい質問であることを承知のうえで聞いているのですから、正解（そもそも正解のない質問であることも多々あります）がそう簡単に出てくるとは思っていません。そのような質問に対する態度、すなわち短時間でも一生懸命答えを探そうとする態度を取れるかどうかをみているのですから、このように答えていけば十分です。もちろん、何でもかんでも「難しい」を連発していると、不合格になることはいうまでもありません。

● 難しくはないが想定外の質問にはどうやって答えるのか

想定外の質問に対して、「わかりません。勉強不足ですので、これから勉強します」はいけません。とくに、あなたの考えを問うものである場合には、知識うんぬんではないのですから、何らかの回答が必要です。やはり、ここも「ちょっと考えていなかったところなのですが…」という前フリに引き続いて、「この時点で考えますと…」といって答えていけばよいでしょう。

○ 圧迫面接を撃退しよう！

受験生の皆さんが最も恐れるのが、この圧迫面接です。しかし、現実に圧迫面接というものはそれほど多くはなさそうです。受験生の面接再現報告にある「圧迫面接だった」という感想をみて、その面接内容をくわしく検討してみると、その多くが１つの質問についてやたらと深く突っ込まれ、そこからその受験生が圧迫された状態になった、というだけだったりします。

本物の圧迫面接とは、受験生の回答をすべて否定してさらに質問を重ねていくというもので、そのような面接再現報告にお目にかかったことはほとんどありません。では、この「擬似」圧迫面接の正体は？　実は、これは面接官の不安の表れなのです。

●「擬似」圧迫面接は面接官の不安の表れである

面接官は、短い時間の中でその受験生の合否を判定しなければなりません。なかには、本当にその受験生の考えを引き出せたのかについて不安を持ってしまう面接官もいます。ですから、回答内容に不明確な点があれば、可能な限り明確にしたいと考えて、さらに突っ込んでくるのです。すなわち、「今のあなたの回答では、あなたの考えがわかりません。もっと私に明確に考えを伝えてください」という気持ちで、質問をしてくるのです。

受験生である皆さんにとっては、実はこれはラッキーなことなのです。皆さんの良いところを出してもらってぜひとも合格してほしいと面接官が考えていることの表れなのですから。ですから、この突っ込みはよい突っ込みなのです。もし面接官が「こんなヤツは落としてしまえ」と思っているのならば、あなたの考えを明確に把握する必要はないでしょう。よって、このような「擬似」圧迫面接に出会ったら、「この面接官はイイ人だから、自分の良いところを明確に示したい」くらいの気持ちでいましょう。そう、このような面接官こそ、あなたの味方にすべき存在なのです。

● 自分のコアに立ち返って話そう

そのような前向きな気持ちになったとして、どうすれば自分の良いところを明確にすることができるのでしょう。ここで役に立つのが、これまで述べてきた自分のコアです。自分のコアに立ち返って、もう一度そこから話すくらいの気持ちでじっくりと話していきましょう。

さらに、本物の圧迫面接に出会ってしまったらどうしましょう。ここではまず、ひるまないことが肝心です。自分の回答に自信を持って毅然と立ち向かうことです。もちろん、その糧になるのは自分のコアです。何度否定されても、自分のコアを出して、自分の回答に自信があることをアピールしましょう。そうすれば、圧迫の目的である窮地に追い込まれたときの態度、すなわち自分の回答に自信を持って立ち向かうことができるかどうかという点に関するチェックを無事に通過できます。

面接試験のトレーニング

さて、本番を想定しての対策ができあがったら、いきなり本番ではなく、やはり面接試験のトレーニングが必要です。

面接試験はやはり経験値がものをいいます。私が指導した受験生たちも、模擬面接➡本番というサイクルを重ねてくると、スキルが数段アップしてきます。面接カードや回答中の“エサ”を巧妙に仕掛け、本番の面接で「かかった！」と心の中で喜んだりするツワモノも出てきたりします。

● 予備校などの模擬面接を受けよう

そのトレーニングとして有用なのが、予備校などの模擬面接です。私が指導している学校では、受講生には面識のない講師に面接官になってもらって模擬面接を実施しています。まったく未知の大人に面接されることの緊張感はまさに本番さながらです。

ただ、この模擬面接も受けすぎてしまうと逆効果になることがあります。面接官ごとに指導内容が異なったりすることもあるからです。つまり、模擬面接ごとに課題が生じてしまい、自分はどこから手をつければよいのかがわからなくなってしまうのです。ですから、模擬面接を複数回受ける場合には、前回での課題を面接官に告げて、そこが改善されているか、というチェックをしてもらってください。

また、大学の就職部やハローワークなどでも面接試験の指導をしてくれます。ただ、こういったところの面接指導は民間企業向けが中心で、担当職員も公務員試験については未知（ハローワークの場合、自分の昔の経験だけ）であることも多いので、その点は注意してください。

● 友人同士でもできる対策

もちろん、友人同士だって対策できます。私の指導している受講生たちは、何人かでカラオケボックスに行って、面接官役、受験生役、オブザーバーに分かれて模擬面接をやっています。もちろん、面接官役のスキルはいま一つですが、かえって面接官をやることで、「不明確な回答」とはどういうものかがわかるようです。

このように、みんなで高めあって合格していく。これこそ、真のライバルということができるのではないでしょうか。

● 模擬面接を受けることができない方の対策

面接試験自体が対人の試験であるため、独学では無理だと考えている方もいらっしゃると思います。そういった方でも、家族や友人の助けを借りて対策をすることは可能です。

友人同士での対策は前ページで述べましたが、家族に面接官役をやってもらえばよいだけです。「いやいや父や母は恥ずかしがってやってくれない」という方もいらっしゃるでしょう。そういう方でも、面接カードを見せて、「これを見てどんなことを聞きたくなるのか」をヒアリングするだけでもいいのです。それを質問に変換して、自分なりの回答を作っていましょう。それを聞いてもらって、「質問に答えているか」どうかだけでも判定してもらってください。それを何度もやり取りできれば立派な面接対策になります。

想定質問集を作って、その模範回答をひたすら暗記するという方法だけは取らないでくださいね。それはお話をするための準備ではなく、演説の準備でしかありません。そういったひとりよがりな対策は、かえって評価を落としてしまいますからね。立っているものは誰でも使えるくらいの気持ちで様々な人と「お話する」機会を作ってもらえればと思います。

オンライン面接の注意点

コロナ禍の下では、地方公務員（市役所など）の面接でZoomやSkypeを使った面接が取り入れられるところが増えました。

2023年でも、一部の市役所ではオンラインでの面接試験が実施されています（岐阜県可児市など）。従って、コロナ禍終息後でもオンライン面接に対する心構えはしておくべきです。

① 意識の上では、対面の試験よりも「ゆっくり」話す。対面では相手の様子を実際に感じ取ることができるので、けっこうゆっくりと話しているものですが、オンラインとなると、どうしても「急いで話す」人が多いようです。「ゆっくりと」話すことを心がけましょう。

② 話す内容を、対面よりも「しっかり」話す。オンラインの面接だと、接官はどうしても話に集中できず、やりとりの間（ま）も生まれてしまいます。すると、回答後の深掘りや突っ込みをしづらい面接官も多くいます。対面よりも１つひとつの回答を丁寧に話すことを心がけたいですね。

③ 目線は画面ではなく、カメラに向けることを意識する。終始「カメラ目線」の必要はありませんが、画面上の相手を見ると「下向き」に見えてしまいます。対面だったら相手の顔を見て話しているはずが…ですよね。

④ Wi-Fi環境に注意しましょう。接続が不安定で、ブチブチと切れてしまうだとか画面がフリーズしてしまうとなると、それを原因としたマイナス評価が心配になってしまいますよね。そのような不安を抱かずに済むように、Wi-Fiの接続環境には注意しましょう。

Section 4

知っておきたい面接試験の基本マナー

面接試験の服装と身だしなみ

● 第一印象で損しないために

皆さんが面接試験に臨むときの服装や身だしなみは、面接官に好印象を与えるための第一関門です。どんなに立派な志望動機を用意していても、それを語り始める前の「見た目」の第一印象が悪いとなると、その面接試験はマイナスからのスタートという厳しい事態になります。

「見た目」とはいっても、もちろん「見目麗しいかどうか」という意味ではありません。大事なのは「他人が見ても違和感を感じない服装」です。公務員の世界は保守的であると考え、服装はとくに控えめに、清潔感のある身だしなみを心掛けましょう。

男性

スーツ
基本は紺のシングル3つボタン。袖丈や肩幅が合っていないとだらしなくみえるので注意。ポケットの中は入れすぎて見苦しくならないようハンカチ程度に。

Yシャツ
白が基本。ボタンダウンでも良い。襟や袖口の汚れは目立つので気をつけて。

靴下
スーツの色に合わせたダークカラー(黒・グレー・紺)に。白ソックスは×。

髪型
前髪やもみ上げが顔にかからないように、短めが好ましい。寝癖や、面接官には寝癖にしかみえない無造作ヘアは×。黒髪が望ましい。

ネクタイ
派手な色は避けるべきだが、レジメンタル(ストライプ)やドット（水玉）など若々しい柄モノは可。

パンツ
すそ丈が長すぎたり短すぎたりしないように。きれいに折り目がついていること。

靴
黒の革靴。きちんと磨いてあること。ヒモつきの場合はヒモが整っていること。

※夏場の試験では、「クールビズ」指定が一般的です。
　その場合には、上着・ネクタイなしとなります。

女性

メイク

ナチュラルメイクで、色数やラインも抑え気味がよい。香りが強くならないように。

アクセサリー

大ぶりのピアスやリングはNG。小さなピアスやネックレスぐらいにしておく。

ブラウス

基本的には白。スーツに合わせて開襟のデザインもOK。

ストッキング

地肌より少し濃い目の肌色。ワンポイントでも柄はNG。伝線に注意して。

髪型

長い髪はまとめるなど、顔にかからないように。過剰な盛り・巻きは×、明るすぎるカラーリングもNG。

スーツ

ダークカラー（黒・グレー・紺）が主流。過度なデザイン性は不要。

ネイル

ネイルアートはNG。爪は短めに切りそろえる。

スカート

座ったときに少しひざが出るくらいの長さが○。

靴

黒のパンプスが基本。ヒールは3～5cmくらい。シンプルなデザインのもの。

※「クールビズ」指定の場合、上着なしとなります。

髪の毛の色や小物などをどこまで「控えめ」にするべきかに迷う人もいるでしょうが、面接試験会場での状況を想像して判断してください。周囲と「自分だけ違う」状況が心理的に負担になるタイプの人は、それが引け目となって面接に集中できなくなるかもしれません。「他の人と違っても気にしない、自分は自分」と思える人以外は、以上の注意事項をふまえたうえで服装を整えましょう。

持ち物

- 身分証明書（学生証・運転免許証など、入館時に必要なことが多い）
- メモ帳・手帳（面接試験専用が望ましい、タブレット端末等でもOK）
- 筆記用具
- ハンカチ・ティッシュ
- 財布とお金
- 記入済み・写真添付済みの履歴書
- 携帯電話
- 予備の写真（タテ4cm×ヨコ3cm）
- のり
- 天気しだいで折り畳み傘、扇子、タオル
- 印鑑

※かばんはA4判の書類が入る大きめのもので。黒や茶色でポケット収納が多いものを選びましょう。

※透明なプラスチック・ケースは他の機関のパンフレットなどが透ける危険性が高いので避けましょう。

◯ 面接試験前の必須チェックポイント

● 余計なことであわてないために

面接試験で100％の力を出し切るためにも、事前準備は入念にしましょう。ささいなことでも、不測の事態にあわてたり動揺して平常心が保てなくなる可能性があります。どれもしっかり準備さえしておけば避けられることですから、以下のチェック項目をもとにシミュレーションしておきましょう。

前日チェック

着るもの・持ち物…ボタンが取れていないか、すそがほつれていないか、きちんとアイロン、プレスがかかっているか、靴は磨いてあるか、持ち物はそろっているか。

緊急連絡先…交通機関の遅れなど、万が一のときに連絡するべき先とその直通電話番号を控えておきましょう。

携帯電話の充電…寝ている間にフル充電しておきましょう。

電車の乗り換え・所要時間…30分前には会場に到着しておくように。

当日の朝チェック

天気…途中から雨が降りそうな日の折り畳み傘、暑い日の扇子など、必要な物があれば持ち物に追加しましょう。

忘れ物…携帯電話は充電器に挿しっぱなしではないか。

身だしなみ…ひげそり、歯磨き、メイク、髪のセットなど時間的にも余裕をもって。

会場に入る前チェック

身だしなみの最終チェック…肩のフケ、目やに、メガネの汚れ、鼻毛など鏡も見てチェック。男性はネクタイは曲がっていないか、女性はストッキングの伝線チェックも忘れずに。

マナーモード…携帯電話はマナーモードに。面接の順番がまわってくる前に電源も切るほうがよい。

知っておくべき面接のマナー

最低限の礼儀を心掛けましょう

清潔感のある着こなしをマスターしたならば、次に気を配るべきは“マナー”です。マナーも「できていて当然」「できなかったら目立つ」もので、面接官にあなたが礼儀をわきまえている人間だということを示すために大事なことです。面接試験中に何が起きてどこがみられているかを理解して、その場にふさわしい立ち居振る舞いを目指しましょう。挨拶やお辞儀の仕方を自分の中でパターン化しておけば、多少タイミングなどがずれてもあわてず、自分のペースで失礼のない態度を守れます。家族や友人など第三者と一緒に練習して、自信をつけましょう。

落ち着いた態度で好印象を与えましょう

たとえ緊張したとしても、「質問者の目をまっすぐみる」ことでオドオドした雰囲気はなくなります。目をそらすと自信がなさそうにみえますし、上目遣いは失礼なので避けましょう。しっかりと目をみて話すことができれば、落ち着いた印象を与えることができます。面接官に「一緒に働きたい」と思ってもらえるような雰囲気を作り出すことが重要です。

面接会場以外でもマナーは必須

受付から先に一歩足を踏み入れたなら、面接会場でない場所でも気を緩めてはいけません。友人と一緒になったときなどは、とくに注意しましょう。あなたの言動に注目しているのは面接官だけではありません。控え室ではつい気が緩みがちですので、気をつけましょう。

〈控え室でやってはイケナイこと〉

声高なおしゃべり…不用意な発言が面接官以外の職員の耳に入る可能性もありますし、他の面接者の迷惑となる行為はやめましょう。

目障りな携帯操作…ずっと携帯電話の画面をみていることのないよう、メールなどは必要最低限に。自信がない人や突然の着信にあわてそうな人は、電源を切りましょう。

飲食…ペットボトルの水も控えたほうがいいでしょう。

〈待ち時間には…〉

面接カードの内容確認…カードに記入した内容が面接のベースになりますので、心の準備も兼ねて読み直しておきましょう。

適度な情報交換…控え室にいる他の面接者は、後に同期として一緒に働く可能性もあるだけに、適度に交流してもいいでしょう。

◯ 面接の流れと注意ポイント

入室～着席

▼**ドアをノックする**

ノックを2～3回、間隔をおいてはっきりとする。

※開放された空間が面接場所となっている場合は、「面接官に一礼」となります。

▼**ドアを開けて入室する**

「どうぞ」といわれたら、「失礼します」と軽くお辞儀をしながらドアを開ける。姿勢よく、笑顔で入室。

NG！
のぞき込むように入る（自信や決断力がない印象に）。

▼**ドアを閉める**

面接官にお尻を向けないよう、肩だけ動かして静かにドアを閉める。

NG！
後ろ手で閉める。バタンと音をたてて閉める。

▼**面接官に一礼**

「○○（氏名）です。よろしくお願いいたします」と挨拶し、一礼する。

▼**席に向かう**

座席まで移動し、ドアに近い側の椅子の横に立つ。「お座りください」といわれるまで待つこと。

▼**着　席**

席をすすめられたら「失礼します」といったあと、一礼して座る。カバンを持っている場合は足元に置く。

NG！
指示される前に勝手に着席する。

着席中

▼**面接官との対話**

常に面接官の目をみて話す。面接官が複数いる場合は、質問者の方に体ごと向けて聞き、大きな声でハキハキと答える。Web面接の場合、画面に向かって話している

NG！
手が遊んでいる。前髪を直すなど髪をさわる。鼻の下をこするなど顔をさわる。
貧乏ゆすりをする。無駄なジェスチャーをする。

と、下を向いて対話しているように見えてしまうという難点があるため、可能なかぎりカメラを見ながら回答していくのがよい。

退席〜退室

▼**面接官に挨拶**

面接官に「これで終わります」といわれたら、「はい」といって立ち上がる。

▼**席を立つ**

席を立ち、「ありがとうございました」と挨拶して一礼する。

▼**ドアに向かう**

ドアの前に姿勢よく立ち、「失礼します」ともう一度一礼する。

▼**ドアを開けて退室する**

ドアをゆっくりと静かに閉める。

NG！
挨拶や礼を連続しているうちに動きが雑になる。

お辞儀のしかた

① 足をそろえ、背筋・腰を伸ばす。
② 頭をまっすぐに伸ばし、相手の目をみてから腰を折るように倒す。男性は両手を体の側面に軽くあてがう。女性は体の前で軽く合わせる。

③ 視線を１メートル先に落とし、少し早く頭を下げる。いったん止めて、起こすときはワンテンポゆっくりと。お辞儀の動作中は言葉を出さない。
④ 頭を起こしたときも相手の目をみる。

面接中のタブー

● 話の内容と話し方は車の両輪

皆さんが話しているとき、面接官は話の内容とは別に表情や姿勢もみています。オフィシャルな場や雰囲気に慣れていない皆さんに完璧な所作を要求することは難しいとはいえ、できていないとどうしても目についてしまうもの。面接官に失礼にあたる次のような態度は、タブーと認識しておきましょう。

◎ 悪い姿勢 ➡ 姿勢が悪いと、暗くみえます

椅子の座面の前３分の２くらいの位置に、背筋を伸ばして座りましょう。背もたれまで深く腰掛けると、そり返ってしまい横柄にみえますし、つい後ろに寄りかかって姿勢も悪くなります。逆に、前のめりだとネコ背になり自信のない雰囲気が出てしまいます。

男性
足は肩幅の広さで開き、手は軽くこぶしを握って膝の上に置く

女性
両足をそろえて膝をとじ、手を重ねて腿の上に置く

◎ さえない表情 ➡ 表情が暗いと、やる気を疑われます

基本は笑顔です。満面の笑みでなくても、口角をきゅっと上げるだけで表情が明るくなります。その表情のまま相手の目をみて話しましょう。質問者以外の面接官に視線を移すときは、ゆっくりと。

◎ 間違いだらけの敬語 ➡ 敬語を間違って使うと幼くみられます

使い慣れない敬語は難しいものですが「相手に対しては尊敬語」「自分には謙譲語」が基本です。また、普段友達同士で普通に使っている友達コトバは論外として、以下の「若者言葉」は面接官には耳障りなので注意しましょう。

使ってはイケナイ若者言葉		言い換えるなら
「めっちゃ」	➡	「とても」「大変」
「っていうか」	➡	「と、いいますか」
「私的には」	➡	「私は」「私としましては」
「就活」	➡	「就職活動」
「部活」	➡	「部活動」
「卒論」	➡	「卒業論文」
「バイト」	➡	「アルバイト」
「コンビニ」	➡	「コンビニエンスストア」

◎ 失礼な態度 ➡ 滑り止めであることがあからさまになる言動は失礼です

たとえ滑り止めであることが事実だとしても、「こちらが第一志望です」という気持ちを誠実な態度と言葉で表現しましょう。「ここは、まっいいか」といったいい加減な気分は、必ず言葉や態度の端々に出ます。

◎ 足りない心配り ➡ 他者への心配りを忘れずに

マナーやタブーにばかり気をとられすぎて「自分のことで精一杯」という印象を与えないように注意しましょう。集団面接などでは、自分の番が終わったからと安心していないで、他の人の回答もきちんと聞いていましょう。

Section 5

個別面接対策 概要とポイント

個別面接の概要

● 形式、人数、時間、内容

個別面接は、受験者が１人で面接を受ける、最も基本的な面接の形式です。公務員試験の場合、おおむね面接官は３〜４人程度。時間はケースバイケースですが、通例、15〜30分程度です。

● 目的、特徴

この面接形式では、面接官が受験者１人に集中して質問、観察できるため、その人物特性を評価しやすい、という特徴があります。人柄、情熱、業務の理解度など、受験者を総合的に評価します。

● 受験生からすると

受験者にとっては、他の受験者を気にせずに、自分らしさややる気をアピールしやすい場といえるでしょう。一方で自分以外は、これから自分を評価しようという、中堅以上の大人ばかりです。そんな場に慣れないうちは、かなりの緊張が伴います。

緊張を解くには？

個別面接全体としては、第２章４までと、次項の「基本的な質問と回答例25」で説明しています。ここでは緊張をどのように解いていくのか？　その心構えを中心にお話ししましょう。

● 面接官と「お友達」になろう！

面接官は、あなたが職場の仲間となるにふさわしい人かどうかを見極める人です。となると、面接官は対決の相手ではなく、あなたにとってお友達となるべき人なのです。もちろん相手は年上なのでそれ相応の配慮も必要ですが、「お友達になれたらいいな」くらいの感覚で面接に臨みたいところです。

●「できたらいいな」の感覚で

皆さんは、「自分の良いところを是が非でもみせなくてはならない」と思って面接に臨むかもしれません。試験である以上、それも致し方ないところです。しかし、「しなければならない」という縛りは、かえって緊張を呼んでしまい、結局、良いところをみせずじまいの結果を招いてしまうことが多いものです。ここは、「自分の良いところをみせることができたらいいな」という感覚で面接に臨みましょう。

● それでも緊張したら…

実をいえば、緊張するのが普通なのです。私の模擬面接ですら、「緊張して頭が真っ白になった」という受験生が大半です。とすれば、面接で緊張するのは普通の感覚の持ち主だからなのだ、とタカをくくって面接に臨みましょう。

基本的な質問と回答例25

▶質問1

なぜあなたは国家公務員（行政職）を志望しているのですか？

質問の真意

ファースト・コンタクトで、まずは用意しているであろうことを話させます。ここをもとに質問を展開するためです。

✕ ダメな回答例

民間ではできないサービス提供をやりたいと考え、志望しました。

これでは「国家公務員」ではなく、ただの「公務員」の志望動機に過ぎません。

〈本省の場合〉
将来の日本の○○について、マクロの立場から政策を考えていきたいと思います。

これでは○○省に入りたいと言っているにすぎません。マクロの立場というのもごまかしに聞こえます。

〈地方支分部局（出先機関）の場合〉
関東甲信越の経済・産業の活性化に、私が大学で学んだ地域活性化論を活かしたいと考えました。

経済産業局に入ってやりたいことはわかったけれど、学んだことを政策にしたいならば本省のほうがいいのでは？

△ 無難な解答例

私は大学で○○について学びました。そして将来についての参考として参加させていただいた××省の説明会で、先輩職員の方が「△△政策」について…（後略）。

志望動機でのPRポイントとされる、①説明会への参加、②具体的政策が入っているため、国家公務員の志望動機としての必然性が出ています。しかし、この程度のものならば他の人だって用意していますよね。もっとあなたらしさを出してもよいのでは。

▶山ちゃん Check！

私は、わが国の教育について常々考えてきました。なぜなら私自身、十分かつ内容の濃い教育を受けてきたと思っているからです。もちろん教員になって自分自身が教育をしていくという方向もあります。しかしそれよりも、10年後、20年後のわが国に必要な人材を育てていくための政策を作ることに関与したいと思います。そうすれば、将来の子どもたちに私と同じように思ってもらえるのではないかと思ったので、国家公務員を志望しました。

回答のツボ

ポイントは、①国家行政を志望する必然性（本省庁ならば将来のわが国の像についてのビジョン）、②あなたがそれを考えた必然性です。①将来のわが国に必要な人材を育てる＋②自分の経験から感じたその行政に対する思いを散りばめられたら、あなたらしい志望動機となりますね。

志望動機は面接官とのファースト・コンタクトですから、自分なりのものをじっくりと考えておきましょう。

▶質問2

なぜあなたは
国税専門官（他専門職系）を
志望しているのですか？

質問の真意

専門職系の志望動機は、その仕事に対する知識と使命感が十分かを問います。滑り止めかどうかを見極めるためです。

✕ ダメな回答例

○○に関する専門性を高めて、自分自身のさらなる向上を図りたいので志望しました。	自分自身のことしか考えていない典型例。その職に対する使命感が感じられません。
〈国税専門官の場合〉 大学で学んだ会計学の知識を活かし、国家の財源を支えるという大切な仕事をやりたいからです。	たしかに国税専門官は会計学の知識があったほうがよいでしょうが、実際に必要なのはどんな人にも対応できる柔軟性・強靭性なのですよ。人相手の仕事なのですから。
〈裁判所職員の場合〉 将来、書記官として裁判官を補佐し、公正な裁判の実現に寄与したいです。	なぜそのように考えたのか、そこまでじっくりと話すべきです。

△無難な解答例

私は昔から公平性・中立性を持って仕事をしたいと考えていました。大学の説明会で知った国税専門官の仕事に興味を持ち、税務署訪問などで職員の話を聞くうちに、どんなことにもへこたれない私の性格も活かせる仕事だと思いました。国税専門官として、将来の国家の財政を公平・中立な立場で支えていきたいと考えます。

仕事に対する知識・使命感という質問の真意に対する答えが述べられています。
ただ、もう少し自分の言葉で使命感を述べることで、それをよりリアルに感じられるようにしたいものです。

▶山ちゃん Check！

私は昔から、公平性・中立性を持って仕事をしたいと考えていました。説明会や税務署訪問で、国税専門官は人相手のメンタル面の強さが要求される仕事だとお聞きし、どんな相手にもひるまない私の性格が活かせるとも思いました。納税者の方に信頼され、笑顔で納税してもらえる人を一人でも増やせるようにすることで、公平な納税の実現に寄与したいと考えます。

回答のツボ

どの専門職系公務員でも必要なのは、**使命感**です。それこそが、その職における皆さんの**伸びしろ**を示すものだからです。仕事に対する知識は当然として、皆さんの**将来性を感じさせる志望動機**を作ることができれば、面接官はあなたの味方になりますよ。

▶質問3

なぜあなたは○○県を志望しているのですか？

質問の真意

その自治体を志望する必然性のほか、広域を所管している都道府県における中長期的な行政に対する知識・ビジョンを示してほしい。

✕ ダメな回答例

故郷である○○県を、将来の県民にとってさらに暮らしやすい県にしたいです。

故郷であることから必然性はあるものの、どういった面での暮らしやすさなのかが全く不明です。また、故郷というならば市町村も考えられますが、その差別化も図られていません。都道府県と市町村の仕事の違いすらわかっていないのではないか、とも受け取られかねません。

○○県では、「みんなが笑顔でいられる○○県に」というスローガンのもと、△△計画など県民本位の政策を行っています。そのような政策に関与したいと考え志望しました。

一見、その都道府県の特性を捉えてはいますが、現在の政策という目にみえるものしか述べられておらず、その政策の先にあるものに自分がどのように関わっていこうとしているのか、が全くみられません。皆さんは将来の政策を作る人なのですから、現在の次にある政策を加えてほしいところです。

△無難な解答例

故郷である○○県が「・・・」のスローガンのもと、△△計画などの県民本位の政策を実施していることを知り、さらに住みやすい県を作りたいと考えて志望しました。
「・・・」の先に考えられる××などを将来実現していければ、この故郷をさらに「・・・」にできると考えています。

現在の県政の理念の先にあるものを自分なりに考えて、将来的にこのような県を作りたいという志望が明確にみえます。
ただ、せっかく故郷の自治体なのですから、自分なりの経験を入れることができれば、必然性が増すのではないでしょうか。

▶山ちゃん Check！

私は、ずっとこの○○県で生活しています。そして自宅の周囲にはいつも笑顔で挨拶をしてくれる人々がいます。現在、○○県では「みんなが笑顔でいられる○○に」というスローガンのもと、△△計画などのさまざまな計画が実施されています。私もこの政策に関与し、さらにその先にある××などの政策を実現することで、私のまわりだけではなく、多くの人が笑顔で毎日を過ごせる○○県にしたいと考えて志望しました。

回答のツボ

どうですか？　**その人らしい話**がほんのちょっと加わるだけで、**実感を伴ったもの**になっているでしょう？　**「あなたの」志望動機**を要求されているのですから、これに応えましょう。

▶質問4

なぜあなたは
○○市を志望して
いるのですか？

質問の真意

その自治体の志望動機の必然性だけでなく、住民と直接接する基礎自治体である市町村の仕事に対する理解を問います。

✕ ダメな回答例

生まれ故郷である○○市をさらに発展させて、市民の方にずっと住み続けてもらえる市にしたいです。

必然性はあるにしても、発展の内容や、それがどのように市民の定着に結びつくのかが不明です。
生まれ故郷であるならば、どういった点に愛着があるのか？　それを受けての「ずっと住み続けてもらえる」ということにつなげないと、志望に深みがありません。

これからより多様化するであろう市民の要望を直接受け止め、政策に反映させることで、市民にとってより暮らしやすい○○市を作っていきたいです。

たしかに、市民の要望は多様化しているし、それを政策に反映させるのは市役所の仕事です。しかし、なぜ○○市でという点が示されていません。○○を××にすれば、××市の志望動機になってしまいます。

△ 無難な解答例

生まれ故郷であるこの○○市は、××などの問題を解決するというだけでなく、△△という市民の要望にも応える政策を市民とともに実現しています。私も、故郷の人たちと協働することで、これから生ずるさまざまな問題を解決し、また市民の要望に応え、市民の方と「○○市が大好き」という気持ちを共有したいと考え志望しました。

「○○市が大好き」という気持ちの共有というところが、面接官にナルホドと思わせるものですね。だったら、下の回答のように踏み込んでもよいのでは。

▶山ちゃん Check！

私は、故郷であるこの○○市の××という場所が大好きです。こういった場所を将来の市民、たとえば私の子どもにも残していきたいと考えています。○○市には20万人を超える市民が住んでおり、市に対する要望は多様です。○○市は住民との協働により△△のような政策を実現しようとしています。私も、市職員として市民の方と力を合わせて、さらに魅力ある故郷を作りたいと考え、志望しました。

回答のツボ

故郷に対する愛着って、**そこにあるモノ・住んでいる人への愛着**であると考えます。ならば、これらを志望動機に盛り込んで、**あなた自身の志望動機**を作り上げてほしいものです。

▶質問5

自己PRを
してください

質問の真意

受験生が経験から得たものや、本人の特性を公務員となってからどのように活かすのか、その意識を問います。

✕ ダメな回答例

私には、物事を計画的にやり遂げられる計画性と粘り強さがあります。これらの性格は、公務員に適したものだと考えます。

計画性や粘り強さは、公務員にだけ必要とされるものではありません。また、それらの実証も述べられていません。
さらに、このPRからはあなたが将来どのような公務員になるのか、が全くわかりません。

私は、アルバイトでクレーム処理を担当し、どのようなお客様に対してもお客様と同じ目線でお話しできるという力をつけることができました。

過去のことしか述べていません。面接官が関心を持っているのは将来です。その力がどのように活かせるのか不明では、PRとはなりません。
あなたという商品を買ってもらう（採用してもらう）ためのPRであることが理解できていません。

無難な解答例

学生時代のアルバイトで身についたのは、効率的な作業手順を考えるという姿勢です。アルバイトじたいは単純作業だったのですが、それだけにどうやればさらに効率的にできるのかを考えるよい機会になりました。
このような効率性を考えていく姿勢は､公務員の仕事においても十分に活かすことができると考えます。

過去の経験から得られたことを具体的に話したうえで、公務員としてどう活かすことができるのか、まで言及できている点はOKです。でも、もう少し将来を話してみませんか。

▶山ちゃん Check！

私は、アルバイトでクレーム処理というけっこうしんどいことをやりました。そしてその経験から、お客様の視点に立つという姿勢を身につけました。市役所職員には、お年寄りから子どもまでさまざまな市民の要望を受け止めることが要求されます。私のこの姿勢は、市民の方の視点に立ったうえで、さらに市民の方の本心を引き出すのに活かすことができると考えます。

回答のツボ

自己PRを聞く意図は、前述のように「これから」にあります。よってその構成は、①自分が経験から得たもの・自分の特性（突っ込んでほしい経験があればその「匂わせ」を加える）➡ ②志望する公務員の職種に求められるもの ➡ ③①を②に当てはめてPR、というものになります。あなたを採用してもらう、つまりあなたという商品を買ってもらう魅力は、その商品がどのように使えるか、ですからね。

▶質問6

どうして民間企業ではなく、公務員なのですか？

質問の真意

民間企業と公務員の仕事の違いを前提に、公務員を志望する必然性を問います。民間企業がダメだから公務員という受験生をチェックするためです。

✕ ダメな回答例

民間企業の就職活動もやりましたが、民間企業の営利追求という姿勢には疑問を感じました。やはり、広く国民全体の…（後略）。

まず、資本主義のもとでは民間企業の営利追求は善です。これを否定する発言は×です。また、疑問を感じたのではなくついていけないだけでは、とも思われてしまいますね。

公務員の仕事にみられる公益性の実現こそ、一生をかけてやる仕事にふさわしいと考えるからです。

たしかに公務員＝公益実現の仕事です。でも、民間企業には公益性がないのでしょうか？　企業活動で利益を上げ、税金をたくさん納めることも公益性があると思いますが…。

△無難な解答例

民間企業にも魅力ある仕事はたくさんありました。しかし、そのサービスはやはり一部の国民に対するものでしかありません。
私は、国民全体がより幸せな生活を送ることができるためのプランを考え、実行していくという仕事に魅力を感じましたので、公務員を志望しました。

民間企業よりも公務員という差別化がきっちりとできていますね。ただ、これも誰でもいえる回答でしかなく、面白みには欠けますね。

▶山ちゃんCheck！

民間のサービス提供には、対価が伴います。これに対し、公務員のサービス提供には対価はありません。ですから、お金をどう使ったか、国民のためになる使い方をしたか、が評価ポイントになります。私は、このお金をどのように使ったのかで評価されることを通じて、国民がより幸せな生活を送ることができるプランを作り、それを実現していきたいと考えたので、民間企業ではなく公務員を志望しました。

回答のツボ

この質問は、**民間企業と公務員の違いをキチンと理解できて公務員を志望しているか**を問うものです。ならば、そのキチンとした理解＝**自分の言葉で話すこと**ができれば、趣旨にかなった回答となりますね。この回答例は特許を取ってます（ウソですが…）。自分で構成し直してみてくださいね。

▶質問７

希望しない部署に配属されたらどうしますか？

質問の真意

答えは「がんばる」と明らかなのにこれを聞くのは、仕事への理解・本音を探ろうとしているのです。

✕ ダメな回答例

どんな仕事でも国民のためになるという点では変わりありませんから、がんばることができます。

あれほど、○○がやりたいといっていたのに…。ほらほら落ち着きがなくなっているよ（面接官が様子をうかがう）。

役所の仕事が○○だけではないことはよくわかっています。
しかし「意志あるところに道あり」ともいいますので、そのとき与えられた業務を全力で遂行し、希望の部署に行くことができる評価を得たいと思います。

一見よさそうですが、「希望の部署に行くためにがんばる」というのがいけません。この人は、もしかしたら評価されなければ、辞めちゃうかもしれない、とも思われてしまいますね。

△無難な解答例

組織の一員である以上、自分の希望通りに仕事をやれるわけではありません。いろいろな部署で働くことで、自分が磨かれると考えれば、与えられた仕事に対しても積極的に取り組むことができると考えています。

役所という組織は、いろいろなセクションの仕事から成り立っていることへの理解はバッチリです。そして「がんばる」という意識も理由とともに述べられています。でも模範的…。

▶山ちゃん Check！

本音をいえば、その業務を与えられたときは「あれっ」と思うかもしれません。でも、私には○○の職員としての理想像があります。どのような仕事においても、課題を設定し、その理想像に向かって積極的に取り組むことができると考えます。

回答のツボ

人間である以上、やりたい仕事と全く違う仕事だと、少しモチベーションが下がってしまいますよね。でも、そんなときにどのように積極的になれるかが、社会人としての鼎の軽重を問われるところです。ここで必要なのが「○○の職員としての理想像」です。これは、面接試験では将来に対するコアとなるものですから、明確なものを作っておきましょうね。

もしこの回答に対して「理想像って何だろう」と面接官が関心を持ってくれれば、“エサ撒き”成功です。

▶質問8

住民のすべてのニーズに応えることはできないのでは？

質問の真意

たとえばごみ処理場の建設など、想定される例は枚挙に暇がありません。住民に対する基本的な姿勢を問うものです。

✕ ダメな回答例

住民の多数の利益を追求するのが公務員の仕事です。政策は多数の住民のニーズを実現するためのものなのですから、反対の声が強くとも政策実現に努力します。

確かに、理由づけはごもっとも。でも、反対派をバッサリ切ってしまうとあとで厄介なことは起こらないの？

住民の声をじっくりと聞いていくのが公務員の仕事であると考えますから、反対派の住民の声に耳を傾けて、政策との妥協点を探ります。とにかく、反対派の住民の方が賛成してくれるまで説明していきます。

アカウンタビリティ（説明責任）は確かにそのとおり。でも、いつまでも賛成にまわってくれなければ、政策の実現ができないのでは？　また、妥協点は、そんなに簡単には生まれないものなのですよ。

無難な解答例

住民のニーズが多様である以上、そのような事例も多々あることでしょう。その場合は、まずは反対派の声にじっくりと耳を傾け説明をしていきます。ときには妥協点を生み出せることがあるかもしれませんから。
しかし、どれほど説明しても納得していただけない場合には、多数の住民の利益を尊重するのが役所の仕事ですから、政策を実行することになると思います。

結局は、少数派切り捨てになるのだけれど、そこまでのプロセスが大切なのですね。これで十分なのですが、切り捨てられた反対派へのケアも必要なのでは？

▶山ちゃん Check！

まずは反対派の人たちのいい分にじっくりと耳を傾けたいと考えます。そのうえで、その方たちの納得がいくように説明をしていきます。その過程で妥協点が発見できるかもしれませんから。しかし、十分に説明し尽くしても納得いただけない場合には仕方がありません。多数の住民の利益を考えて政策を実行していきます。しかし、反対派の方と市の関係が切れるわけではないので、アフターケアなどをして反対派を見捨てない姿勢を出すことも必要であると考えます。

回答のツボ

人間関係って、一度こじれると修復が大変ですよね。市と市民の関係は半永久的に続くので、そこまで配慮したいものですね。この回答も特許済みですよ（さらにウソ）。

▶質問9

もしこの試験がダメだったらどうしますか？

質問の真意

志望動機がホンモノかどうかをみるイジワル質問。思わずホンネがポロリと出るのを待っています。

✕ ダメな回答例

来年もがんばります。

就職しなければならない年齢なのに、あまりに無責任な回答ですね。面接する側からすれば、「あまりよく考えずに回答する人間だ」という印象を持ってしまいます。

他の受験先もありますので、そこの結果を待って、私を必要としてくれるところでがんばりたいと思います。

そこを志望する必然性を打ち消してしまう。他の質問で「ここが第一志望です」と力説しても、一発でアウトになってしまいます。

家族とよく相談して、許されるならば来年もう一度受験したいと思います。

もちろん家族も大切だけれど、この質問はあなたになされているものですよね。まず、あなた自身がどのように考えるのかを答えなければなりません。

△無難な解答例

もちろんこの市の公務員になりたいのが一番ですが、就職しなければならないということも事実です。他の受験先の結果を待って、じっくりと考えたいと思います。

いかにも無難な回答です。予備校なんかでこのように答えるべきだ、とされる回答です。
面接官側の印象は、「よく練習してきているなぁ。もう少し突っ込んで本音を聞いてみようか」といったところでしょうね。もしくは「もう少し困ってもいいんじゃないのか？　面白みがないなぁ」といったところかもしれません。

▶山ちゃん Check！

う～ん、私はこの市の公務員になりたいと考えて一所懸命がんばってきましたので、非常に困ってしまいます（ホントに困った様子で…）。今の考えを率直にいえば、就職しなければならないというのも事実ですから…。他の受験先の結果も待って、よく考え、それでもこの市で働きたいと思う気持ちが強いのであれば家族とも相談したうえで、もう1年がんばるという選択もあるかな、と考えます。

回答のツボ

皆さん、どうですか？　落ちたら困るでしょ！　だったら「困るという意思表示をしましょうよ。そうすれば、「こいつは本音をきちんと話すことができる人間だ」との印象を持ってもらえますよね。それだけではなく、他の質問での答えにも信憑性が増すことになります。そのうえで、じっくりと考えを話すという姿勢を示すことができればよいでしょう。

▶質問10

上司と意見が対立したらどうしますか？

質問の真意

組織の中の人間としての適性を問う究極の質問です。バランス感覚が問われます。

✕ ダメな回答例

公務員が間違ったことをするのは絶対にいけないことだと考えます。ですから、自分の意見が正しいと考えたら、その旨主張します。

潔いといえばそのとおり。でも、組織の一員としての自覚がゼロです。こんな人ばかりだと、役所は「厄所」になってしまいます。

国家公務員法98条１項（地方公務員法32条）にあるとおり、上司の意見に従います。上司は経験も豊富ですし、知識も私よりは上である以上は、当然と考えます。

上司の意見の誤りが明白であっても？　との質問が待っています。いくら法律があるといっても盲従はどうでしょうね。

無難な解答例

上司の意見が明らかな誤りである場合を除いては、その意見を尊重する方向で自分の意見と比較検討します。その際には周囲の意見も参考にしようと思います。

上司への盲従はしないという点と、役所＝組織という点の、バランスを取った意見ですね。でもここでもう１つ、公務員の仕事が誰のためのものか、ということも加えてみましょう。

▶山ちゃん Check！

上司の意見が明らかな誤りである場合を別として、その対立の現場に国民（住民）がいるときには、組織として上司の意見を尊重します。国民（住民）の信頼を念頭に置くべきと考えるからです。しかし、国民（住民）の目の前でないときには、上司の意見を尊重する方向で対立点を精査し、他の先輩方の意見等も交えて比較検討したいと考えます。

回答のツボ

皆さんが役所に行って、目の前で職員の意見が対立していたらどのように考えるでしょう？ 「コイツら大丈夫か？」でしょうね。やはり公務員たる者、**国民の信頼を失ってしまってはどうしようもありません**からね。なお、これも特許済みです（ウソ三連発）。実は、私の指導を受けた２人の受験生がある試験で前後して上の答えをしました。１人目は「なるほど！」と感心されたそうですが、２人目への反応は「予備校行ってた？」だったそうです。２人とも合格しましたけど…。このようなこともあるので、やはり**自分の頭で考えましょうね**。

▶質問11

これまでに力を入れて取り組んだことは何ですか？

質問の真意

最近の面接試験でよく取り入れられている質問です。また、自己PRとの整合性も問われています。

✕ ダメな回答例

コンビニエンスストアでのアルバイトです。どんな仕事も一所懸命にやることで店長の信頼を得て、２年目にはアルバイトリーダーとなりました。

どのように力を入れたのか、そのプロセスが全く不明です。また、そこで得たものもアルバイトリーダーという地位だけでは、質問に答えたとはいえません。

イベントサークルでの副幹事長の仕事です。100人を超えるメンバーの意見調整では、一人ひとりの意見をじっくり聞くという聞き役に徹することで、幹事長の決定のサポートをやりました。このような組織を陰で支えるという姿勢は、役所という組織においても力を発揮するものと考えています。

多いんですよね「副幹事長」。役職を出せばそれでOKではありませんよ。

△無難な解答例

個別指導の塾での講師業です。学習レベルや家庭状況などさまざまな違いを持つ子どもたちを相手にすることは大変でした。最初は教えることにいっぱいいっぱいで、成果を上げることが難しかったのですが、生徒一人ひとりの独自のファイルを作成し、その子の状況に合わせた指導を考えるという方法を模索することで、生徒の成績向上に結びつけることができました。人を相手にする仕事では、まずは相手の状況を知ることが必要だということが実感できました。

これで十分そうですが、これからの仕事にどう活かすか、も付け加えたいところです。

▶山ちゃんCheck！

友人たちと行ったバンド活動です。全くの初心者だったので、まずは楽器演奏のスキルを身につけることが大変でした。休みの日などは本当に練習づけでした。上達したら上達したで、メンバー内での活動の方向性の食い違いなどもありました。しかし、ライブでのアンケート１位を目指すという目標を設定することで、それも乗り切れました。共通の目標設定ということの求心力を身をもって知ることができたのは、成果だったと考えます。住民の方との協働が必要となる市役所の仕事でも、共通の目標設定を図って実現したいと考えます。

回答のツボ

テーマが学生の本分である学問でないことは、別にマイナスではありません。何であれ、**力を入れたプロセスをこれからの仕事にどう活かすか**までいえれば、十分なものとなりますね。

▶質問12

前職をなぜ辞めたのですか？

質問の真意

その人の職業に対する考えを通じて、公務員として一生勤め上げるだけの心構えがあるのかを問うものです。

✕ ダメな回答例

民間企業の利益追求の体質についていけませんでした。

利益追求はわかって就職したのでは？ 「ついていけない」という言葉にも甘えが読み取れます。

銀行で為替業務ということで入社したのですが、思ってもいなかった営業の仕事に回されて…。

希望しない仕事に就いたら、また辞めてしまうのではないかという疑念が生じます。

システムエンジニアをやっていたのですが、深夜に及ぶことも多く、休日出勤もありで…。

定時帰宅（公務員でも残業は当然あります）や一定の休日が魅力で公務員を志望したと思われてしまいます。

△無難な解答例

前職は前職でやりがいのある仕事だったのですが、特定のお客様だけでなく、より広く国民（住民）の皆さんに奉仕できる公務員になりたいと考え…。

こういう答えがよくノウハウ本に載っていますね。でも「やりがいがある」のに転職を考えるなんておかしくないですか？　なぜそのように考えが変わったのか、これをキチンと話さなければ面接官は十分には納得してくれません。

▶山ちゃん Check！

前職はお客様と一から関係を築いていくという点で大変ではありましたが、やりがいはありました。しかし、毎日毎日の努力がどのように社会の利益に繋がっているのかをみることはできませんでしたし、将来の自分の像も明確ではありませんでした。そこで考えたのが、やはり仕事をするのであれば、10年後、20年後を見据えて社会の利益に繋がる仕事をしていきたいということです。そういった長期的なビジョンを持ち、広く国民（住民）の皆さんにサービス提供をする仕事は公務員であるとの確信を持つに至りましたので、前職を辞めることを決意しました。

回答のツボ

働くこと＝社会とどのように関わるのか、ということなんですよ。そこに自分の将来像が加われば、転職を考えた理由としても十分ですね。

▶質問13

なぜ自分の住んでいる自治体ではなく、ここなのですか？

質問の真意

その自治体を志望する必然性を問うものです。滑り止めかどうかを見極める質問です。

✕ ダメな回答例

友人が住んでいて、昔からなじみのあるところだったので志望しました。

「昔からのなじみ」だけでそこで働きたい、なんてきっかけでしかありません。無理のある回答です。やはり自分の住んでいる自治体との差別化が図れなければいけません。そこで必要なのが、政策の背後にある理念（第２章p.32、33参照）ですね。

○○市では△△事業などにみられるように環境政策が充実しており、そのような政策に参画したいと考え志望しました。

頭でっかちな印象があります。それから、環境事業以外に配属されたらどうするのだろう…との疑念も生じます。

無難な解答例

○○市は、古くからの友人が住んでいたので、もともとなじみのあるところでした。
公務員を志望するにあたりいろいろな自治体の政策を調べるうちに、住民に対して住み続けたくなる市をめざした政策を多岐にわたって実践しているところだとわかり、私もそこに参画しようと考えて志望しました。

友人が住んでいたというきっかけから志望するまでのプロセスが、よくわかる回答です。でも、もう少しそこで働きたいという点の説明がほしいところです。

▶山ちゃん Check！

○○市に古くからの友人が住んでいたことがきっかけで、公務員としての志望先として考えるようになりました。○○市を含めていろいろな自治体のことを調べたのですが、○○市では△△事業をはじめとするさまざまな政策の根本に、住民が住み続けたくなる町を作っていきたいという理念を感じることができました。私もそのような理念を持って、他の職員の方とその理念の方向を向いて仕事をしていきたいと考え、志望しました。

回答のツボ

人間は、住んでいるところに愛着があるのが普通ですよね。そこをあえて…というところを論証するのは簡単ではありません。ならば、そのような感情ではなく、**働くことの意義と結び付けて**話せば、面接官の納得が得られるはずです。

▶質問14

なぜ浪人してまで公務員を志望したのですか？

質問の真意

受験生にとっては嫌味な質問ですが、それだけの志望動機があるのかを聞くものです。

✕ ダメな回答例

昨年は準備不足もあって、残念ながら試験を通過できませんでした。家族とも話し合った結果、浪人することになりました。

なぜ、「公務員を」志望したのか、という質問に全く答えることができていません。これだと、公務員試験に合格することが最終目標になっているかのような印象を持たれかねません。

民間に就職するという道もあり、いくつか企業をまわりましたが、やはり公務員しかないと考えて浪人することにしました。

「やはり公務員しかない」という考えに至った点の論証をしないと、民間で通用しなかったから公務員なのか、というマイナス評価を受ける可能性があります。

△ 無難な解答例

こちらで働きたいと考えて昨年も受験しましたが、残念ながら不合格でした。
民間に進むという道も考えましたが、一生働くということを考えたら、やはりこちらで働きたいという結論に至り、浪人することにしました。

「ここで働きたい」という熱意を感じることができる点ではよい回答です。しかし、「ここで一生働きたい」必然性が希薄ですし、浪人することで生じる周囲への配慮が示されていない点も不足です。

▶山ちゃん Check！

昨年は準備不足もあり不合格でした。浪人すると家族にも迷惑をかけることになるので、自分が将来どうありたいのかについて真剣に考えました。その結果、やはりこちらの公務員として国民（住民）に長期的にサービスを提供していくことが、自分の一生の仕事とするにふさわしいという結論を得ました。ならば、もう１年努力を続けてでもそのような何十年を得るべきだと考え、家族にもそう話したところ、幸いなことに快諾を得ましたので、浪人することにしました。

回答のツボ

浪人してでも公務員という決意の裏にあるのは、やはり仕事に対する考えです。それとともに、家族への迷惑に対する配慮もしたことを示せれば、キチンと考えての結論であることを示すことができますよね。

▶質問15

教職（その他、専門分野の職業）に就こうとしなかったのはなぜですか？

質問の真意

専門性を活かすべきではと問うことで、結局は公務員志望の必然性を聞くものです。

✕ ダメな回答例

> 教育実習に行って、教員には向いていないとわかりましたので、やはり同じように人の役に立つ仕事と考えて公務員を志望しました。

これでは教員に適性がなかった、といっているだけです。公務員は教員のスペアなのかともとられかねません。また、教育実習は成り行きで行っただけと面接官に思われてしまうと、主体性がないと判断されてしまいます。

> ○○という専門分野だけではなく、広く国民（住民）のためになる仕事がしたいと考え…。

せっかく大学で専門性を身につけたのにそんなに簡単に否定してよいのか？　それとも、大学時代はたいして勉強しなかったのではないか？　という疑念が生じてしまいます。

無難な解答例

学校教員として子どもたちを育てるというのも魅力的な仕事です。しかし、教育実習などを通じて、子どもという特定の年齢層の国民だけでなく、子どもから高齢者まで広く国民（住民）にサービスを提供していきたいという考えが固まり、公務員志望に変わりました。

自分の経験を通じて公務員志望に至ったことが示せているのはよいですね。でも、何かあっさりと志望を変えていませんか？　もっと自分なりの言葉がほしいところですね。

▶山ちゃん Check！

教育実習を通じて、子どもたちを育てることの魅力は十分に知りました。あの子どもたちの笑顔は、一生忘れることはできないと思います。しかし、子どもたちだけでなく、高齢者に至るまでのさまざまな国民（住民）の笑顔を実現していくという公務員の仕事に、私はもっと魅力を感じます。10年後、20年後という将来を見据えて、政策を実現し、さまざまな人の笑顔をみたいと考えて、公務員を志望することにしました。

回答のツボ

○○の魅力はよくわかっている、でも…といったところを示したいですね。○○＝専門性＝**特定の分野**もしくは**特定の人を相手にする**ということと、公務員＝**不特定多数の人を相手にしていく**という違いを念頭において、**公務員志望に至った必然性**を出せればOKです。

▶質問16

その仕事って
ここではできない
ですよ

質問の真意

全くの見当違い（業務内容にない希望）を指摘する場合もありますが、本気かどうかを試す場合（業務内容にある希望）もあります。

✕ ダメな回答例

申し訳ありません。勉強不足でした。

全くの見当違いであれば、これしかないようにも思いますが、本気かどうかを試された場合だと即アウトですね。

えっ、そうなんですか？　私はその仕事をやろうと思って、こちらを志望したのですが…。

勉強不足の典型例です。志望先の業務くらいはキチンと把握しておいてほしいところです。

△ 無難な解答例

〈見当違いの場合〉
申し訳ありません。勉強不足でした。それ以外ということでしたら…（それ以外のやりたいことをキチンと示す）。

前者はこれしかないように思いますが、もう少し工夫がほしいところです。後者は、質問の真意に答えてはいますが、これまたひと工夫ほしいですね。

〈本気かどうか試されている場合〉
ホームページの業務内容にあったので、やってみたいと思いました。現実に働いてはいないのでよくわかりませんが、もし将来にそれができるようになれば、ぜひ携わってみたい仕事です。

▶山ちゃん Check！

〈見当違いの場合〉

申し訳ありません。勉強不足でした。しかし、私がそれをやりたいと考えたのは、私の公務員の志望理由である「住民が住み続けたくなる政策の実現」という根本に関わるものと考えたからです。他にも△△事業のようにこの根本に関わるものはたくさんありますので、そういった事業に携わることができれば十分です。

〈本気かどうか試されている場合〉

そうですか。現実にはさまざまな障害もあるのかもしれませんね。しかし、私はその仕事を進めることはぜひ必要であると考えていますし、ホームページにあるこちらの業務内容にもそのような記述を見つけました。困難な仕事であればこそ、その実現に向けて一歩でも進められるように努力したいと思います。

回答のツボ

前者の場合、ヤッチャッタ…と思ってしまいがちですね。でも、そんなときこそ**自分の志望のコアの部分に立ち返ること**です。後者は、これで本気度バリバリではないでしょうか。

▶質問17

学生時代のゼミでは
何をやりましたか？

質問の真意

事実を答えるところ、すなわち報告能力のチェックなので、手際よく答えてほしいところです。

回答のポイント

まずは、事実、すなわち「何を」「どんなことを中心に」「どのようにやったのか」、をテキパキと答えましょう。その上で、そこから得られたもの、さらに得られたものを今後どう活かすかにまで言及できれば完璧です。

▶山ちゃん Check！

行政法のゼミでは、国家賠償に関する判例を１つひとつ読み解いて報告するという形式で研究していきました。判例にみられる、福祉国家における行政のあり方と被害者の救済というバランスのとり方の大変さが、理解できたと思います。そういったバランス感覚は、住民の利益と継続性などの行政側の需要の調和に役立つのではないかと考えています。

回答のツボ

事実を述べるとなると、どうしても冗長になってしまいます。細かな点に面接官が関心を抱けば、必ず突っ込んできますから、具体的なことはそこで答えられれば十分ですよ。

▶質問18

専攻は理系なのに なぜ行政事務を 志望するのですか？

質問の真意

一見、嫌味たっぷりに聞こえる質問ですが、本当に面接官は疑問に思うから聞いているものなのです。

回答のポイント

行政事務の仕事に理系の専門性を活かすことは、さすがに無理があります。１つのことを追究していく姿勢がこれからの仕事にどう活かせるか、を話したいところです。

▶山ちゃん Check！

電力システム工学研究室で、21世紀の電力について研究しました。実験中心の研究でしたが、１つひとつものごとを積み上げていくという姿勢は、さまざまな利害を解決するという行政の仕事に活かせると考えて行政事務を志望しました。

回答のツボ

この質問をすると、「専門性＝１つのことだけ」であるのに対し「行政事務＝さまざまな方面」という紋切り型の答えがよく返ってきます。しかし、大学でがんばったはずの専門性を、これだけで切り捨てるのはイカガなものか、面接官はそう思うはずですよ。

▶質問19

アルバイトでは
どのようなことを
やりましたか？

質問の真意

ここも報告能力が問われるところです。面接官の関心のない話をムダに連ねないように注意しましょう。

回答のポイント

まずは、①何を、②どれだけの期間やったのか、を的確に答えることです。そのうえで、何か苦労したことや得たことを手短に加えるとよいでしょう。

▶山ちゃん Check！

コンビニエンスストアでのアルバイトです。大学1年のときから4年間続けました。はじめは品出しからレジ締めまでのすべての仕事をやるだけで精一杯でしたが、しだいにお客様ごとの対応を心掛けられるようになれました。子どもから高齢者まで、それぞれのお客様の目線で接するということを身につけることができたと思います。

回答のツボ

コンビニエンスストアを「コンビニ」などと略して話さないこと。この先にある「具体的にはどのような目線か」「接客態度を評価されたことがあるか」という質問にも準備を怠りなく。

▶質問20

何かボランティアをやったことがありますか？

質問の真意

報告能力はもちろんですが、一生懸命さや受験生の問題意識を捉えることも含まれています。

回答のポイント

ここも、①何を、②どれだけの期間やったのか、を的確に答えることが必要です。さらに、③なぜそのボランティアをやったのか、④その作業内容の大変さがあなたの「公共心」にどのような変化をもたらしたのか、というところまで言及できれば最高です。

▶山ちゃん Check！

○○川河川敷での空き缶ひろいです。正直なところ、ボランティアというものに対する好奇心から参加しました。しかし、１日の作業で集まった空き缶の数に驚くとともに、他の川にもこれぐらいの空き缶があるのかと考えさせられました。これを機会に、さまざまな問題に継続的に対処していける公務員への志望度が高まったと思います。

回答のツボ

この回答には、「継続的に」という面接官の関心を引くためのキーワードが入っています。ボランティアという１日限りのものではなく継続的に…という公務員志望につながっています。経験がない場合には、「合格後はぜひ」と抱負を述べればよいでしょう。

▶質問21

公務員になることに対してご家族／友達はどういっていますか？

質問の真意

あなたの周囲からの客観的な評価を、あなた自身が認識できているかを問うものです。

◯ 回答のポイント

質問の真意からわかるとおり、ただ「応援してくれている」と答えるだけでなく、自分のどういう点が公務員に向いていると評価してくれているのかを加えて話しましょう。

▶山ちゃん Check！

もちろん、応援してくれています。私の他者に対する一生懸命さを評価してくれているのだと思います。なにげない日々の励ましに、力をもらっています。

回答のツボ

この先には、「他者に対する一生懸命さって？」という長所ないしPRポイントに発展することが十分に考えられます。そこにスムーズにつなげることができるように準備しましょう。

▶質問22

ふだん友人の中でどのような役割を果たしていますか？

質問の真意

周囲からの客観的な評価と自分の認識の整合性を問うものです。

◯ 回答のポイント

組織の中には、リーダーもサポーターも必要です。ですから、リーダーシップを無理やりひねり出す必要性はありません。また、公務員の組織で最も重視されるリーダーシップとは「調整力」なのですから、ここにつながる回答ができればさらによいでしょう。

▶山ちゃん Check！

みんなの「問題解決人」であると思います。よく友人から「とても話しやすい人だ。でも話しているうちに、問題が解決する方向がみえてくるから不思議だ」といわれるのはその表れかと思います。

回答のツボ

この先には、「なぜそのような役割だと思う？」という質問が続きます。その答えは、「相手の話をしっかりと聞きながらも、何が問題なのかを探り、そのうえでその人の願望を聞き出そうとしていることがそのような評価になった」という自己分析にほかなりません。面接の他の部分で打ち出している、自分のコアとの整合性を考えましょう。

▶質問23

あなたの長所・短所はどんなところだと思いますか？

質問の真意

自己分析だけでなく、それに基づいての日ごろの人に対する接し方をみるものです。

回答のポイント

面倒見がよい⇔おせっかい、というように長所と短所は背中合わせであることが多いものです。短所に対する心掛けに言及する場合には、それが長所を殺すことにつながらないようにしましょう。

▶山ちゃん Check！

長所は他人の面倒をよくみる点です。困っている人をみると放っておくことができないですね。短所は、長所の裏返しになりますが、おせっかいが過ぎるところが見受けられることです。他人の面倒がおせっかいにならないように、その人が助けを求めているのかをキチンと把握したうえで、面倒をみるようにして、長短のバランスを図っています。

回答のツボ

人の短所って長所の裏返しであることが多いですよね。集中力がある人は、集中しすぎて周囲のことがみえなくなる、など…。「角を矯めて牛を殺す」にならないようなバランスが必要なのですね。

▶質問24

あなたの趣味は何ですか？

質問の真意

趣味が何かを問うものではなく、仕事と離れたふだんのあなたがどのような人か、をみるものです。

回答のポイント

ここは、その趣味についてどのように話すのか、がポイントです。せっかくの趣味なのですから、あなたがその趣味から得られている楽しさや喜びが伝わるように話したいものです。

▶山ちゃん Check！

大学に入って始めたゴルフです。私は器用なほうなので、あれほどうまくいかないスポーツは、これまで出会ったことがありませんでした。ですから最初はムキになって練習しましたね。１つミスしても、次にナイスショットでリカバリーできたときに感じる喜びはホント嬉しいものです。

回答のツボ

趣味が将棋というある受験生。志望順位の低い試験で、面接官と意気投合。志望動機など一切触れずに即合格。それだけその人の人となりが出るものなのですね。だからといって、**相手に迎合してはいけません**。趣味＝楽しいことなのですから、**あなたの楽しさ**が伝えられることを話しましょう。

▶質問25－1

〈不意を突く質問〉

日本人に右利きが多いのはなぜだと思いますか？

この機関って色にたとえると何色ですか？

〈時事に関する質問〉

今、○○が問題になっているけれどどう思いますか？

質問の真意

〈不意を突く質問〉

突然の事態に対する対処力、つまり頭の切り替えができるかどうかを問うものです。

〈時事に関する質問〉

時事問題に対する関心を問うものですが、ウソをつかない人かどうかのチェックも入っています。

○ 回答のポイント

〈不意を突く質問〉

正解はありませんから、落ち着いて答えたいものです。その際、他の質問事項との整合性には注意しましょう。

〈時事に関する質問〉

知識があれば、テキパキと答えましょう。知らないときには素直に「勉強不足です。次に質問があったときには答えられるようにしておきます」で十分です。くれぐれも知ったかぶりはいけませんよ。

▶質問25－2

〈併願先に対する質問〉

この試験以外に どこか受験していますか？

〈クロージングの質問〉

最後に何か聞いておきたいことは ありますか？ 最後に何かあればどうぞ

質問の真意

〈併願先に対する質問〉

併願先のない人は、まずいません。ある程度正直に伝えないと不自然ですが、すべての併願先を挙げる必要はないでしょう。

〈クロージングの質問〉

これはただの時間合わせというものではなく、やはり受験生の姿勢を再度、形を変えてチェックしようというものです。

○回答のポイント

〈併願先に対する質問〉

行政事務以外の、専門性の高い併願先（裁判所職員など）については伏せたほうがよいでしょうね。「公務員ならば何でも…」という人は向こうも欲しくはないでしょうから。また、１つくらいなら正直に落ちたところを挙げても大丈夫です。もちろん、「こちらが第一志望です」とともに、その受験先に対する思いを伝えましょう。

〈クロージングの質問〉

質問の場合は、その機関の業務に関することであなたが関心を持っていることについて、面接官の意見を聞いてみるというのがよいでしょう。何か一言の場合は、言葉を変えてもう一度自己PRをしましょう。

国家公務員一般職
人事院による２次面接試験
シミュレーション

受験生プロフィール

- 田中　誠さん（仮名・24歳・男性）
- 私立大学経済系学部卒業後、民間企業に就職。
  人材派遣ビジネスの営業を７か月担当後、退職、公務員を目指す。
  受験は初めて。
- 国家一般職　労働局が第一志望。Ａ市、Ｂ市を併願。

▶山ちゃん Check！

面接試験は、どのような場合でも、下記の３つがポイントです。

①自分のコアをうまく伝えることができたか
②面接カードでうまく“エサ”を撒けたか
③意識を問う質問、事実を問う質問にうまく対応できたか

この中でまず大切なのが、①自分のコアです。これこそが面接試験の評価項目、すなわちあなたを合格に導くものです。②と③はいわばテクニック面です。よって、①をメインにそのうえで②③をチェックしていきましょう。

以下の面接試験シミュレーションでは、幅広い展開をみてもらうために、既卒者の場合を例に挙げましたが、新卒者であっても問われる観点は同じものと考えてください。

○ 個別面接の生中継

トントン（ノックして入室）

> ○
> ここはキチンと手順を踏んでいますね。どこで礼をするということは、自分なりに定型化しておくべきでしょう。
> →第２章４参照

失礼します。受験番号78、田中誠です。よろしくお願いします。

はい、では、おかけください。

失礼します。（といって座る）

はい、今日は朝からたいへんですね。この面接ではテキパキと答えていただければかまいません。では、この面接カードに沿ってお話をうかがうことにします。

大学を卒業なさったのは一昨年で、それからお仕事をなさったということですが、いつごろ公務員に変わることを考えました？

> 事実を問う質問です。まずは簡潔にテキパキと答えましょう。

はい、私は営業をしていまして、３か月ほど営業をしたときに契約がとれました。そのときにお客さまにとても喜んでもらえまして、もっと多くの人に喜んでもらえれば、自分ももっと成長できるのではないかなと思いました。それが、一番最初のきっかけだったように思います。

> ×
> おっと、キチンと質問に答えていませんよ。面接官の質問は「いつ公務員を志望したのか」です。このため、次の質問で面接官に聞き直されています。面接官の問いに対する回答を心がけましょう。

ということは働き出して３か月くらい、つまり、一昨年の６月あたりですか？

はい、そうです。

うーん、そういう喜びを得たのでしたら、もっとその喜びをその仕事の中で得たいとか、ふつう、そうなるじゃないですか？　よし、

> 面接官は、転職の理由に言及しようとしています。展開自体はうまくいっています。
> →p110 質問12を参照

やったぞって思ってね。そういうところはなかったんですかね？

そうですね、たしかに初めて契約をとったときはとても嬉しかったし、喜びも感じてたんですけれども…。そのときは人材派遣の営業をやっていまして、最終目的は、一般の人にお仕事をたくさんやっていただいて、その人に満足していただけるかということを考えていました。けれど、自分は派遣会社さんと接するだけになってしまうことが多かったので、そういう面で、もっと多くの直接労働する方と接していきたいと感じまして。ほかにもっとやり甲斐がある仕事があるのではないかな、と考えました。

転職の理由＝公務員の志望理由ですから、自分のコアが関わってきます。ここはじっくりと話したいところです。この受験生は、民間時代に感じた実感から話していて、方向性はとてもよいものです。

→第２章１参照

たしかに、公務員だと接する人の範囲が広がるんでしょうね。でも逆に派遣会社ですと、労働者と接したうえで、その人の適性をみて、ということになると思うんですね。あなたがやってみたいと考えている労働局の仕事だと、どうしてもそこまではできなくなるのではないかと思いますが、そのへんはいかがですか？

さっそく突っ込みです。あえて受験生の考えに否定的な質問をして、受験生の本気度を試しています。自分のコアを軸にして、ひるまずに答えたいところです。

そうですね、多くの人と接していかなければならないという面では、密にならないという部分ももしかしたらあるのかな、とも思います。でも私は直接ハローワークに行って見学をしてきまして、そのとき、思っていたより

ハローワークを訪ねて生じた自分の実感をもとに話していることをアピールできるよい材料です。自分の志望先を訪問して、このような実感を手に入れるのも有効ですね。

も、むしろ、密に接しているのではないかなと感じました。

◆

で、実際に公務員を考えたのですね。では、お仕事はどれくらいでお辞めになったのですか？

そうですね、約７か月です。

引き留められはしませんでした？

はい、すごく引き留められました。まあ、いってすぐに辞めたというのではなく、上司の方とずっとお話しをさせていただいて、上司の方にもわかっていただけました。辞めるときには、公務員になってがんばってくださいということをいわれました。

○
円満に退社できたということまで言及しています。質問以上の疑問に答えるものですが、面接官の疑問はそこまであるのが通常ですから、これで十分です。「いって」はNGですよ。

では、実際に今度は田中さんが公務員になって、国家公務員として働き始めます。そこでまた、他の仕事にやり甲斐を見出す可能性がないわけじゃないと思うのですが、そのへんどうですか？

これも形を変えた転職本気度のチェックです。コアにあるはずの職業観をからめて聞き直しているものですね。

→p110 質問12参照

そうですね、たしかに、ほかの仕事に対して魅力を感じるということもありうるとは、私も思います。ただ、会社を辞める前からずっと、国家公務員として労働局で働くというのは、私のこれからの一生の仕事であると考えております。ほかの仕事に魅力は感じるかもしれませんが、そのときやっている仕事の中でさらに何か光るもの、新しいものを見つけていければいいな、と考えております。

△
まず正直に話している点はよいのですが、それに続く「一生の仕事」と考える理由づけがありません。また、「何か新しいものを見つけていく」という答えにも具体性がありません。ここは、「国家公務員として働きたい！」という志望動機をベースにして答えることがベストでしょう。

→p88 質問１参照

これからの一生の仕事という言葉が、いま出てきました。どういう理由からそういう言葉が出てくるのですかね、田中さんにとって。

やはり突っ込まれました。この「一生の仕事」に自分のコアをからめることができれば完璧ですよ。

そうですね、労働局に来る人が、たえず変化をしているというのが、まずあるのかなと思います。また、それに合わせて自分も変化していかなければならない。そういう面では、毎日が同じ仕事ではないので、一生がんばっていける仕事、一生成長できる仕事なのかなと思っています。

ここはやはり国民に対してどのようにありたいと考えているかに関する自分のコアを、もっと出したいところです。
→第２章１参照

◆

はい、わかりました。で、印象に残っている体験で、アルバイトのことが書いてありますが、前職のことよりアルバイトの印象のほうが大きいですか？

前職があるのに、なぜアルバイト？　という疑問ですが、逆に言えば面接カードの“エサ撒き”に引っかかった例ですね。

記入欄に「アルバイト」と書いてあったので、前職のことでなく、アルバイトのことを書いてしまったのですが、前職の営業活動をしていたときのほうが思い入れはあります。

あれれっ？　せっかくの“エサ撒き”に引っかかってくれたのに…。キチンと展開を考えて答えを用意しておかないとこのようになります。
→第２章１参照

で、「新人に対してマニュアルを教えるだけでなく、しっかりと考えさせるということが大事」と書いてありますが、具体的にどういうことをやりましたか？

そうですね、私はコンビニエンスストアで働いていたんですけれども、だいたいこの時間に混んでくるとか、わかるようになってくるんです。そこで、混む時間の前に、何をしなければいけないのか、品出しであったりこういうお客さんが多いからこういうものを前に出しておこうとか、そういったことを新人に考えさせていわせてみるといったことはやっていました。

この程度では、印象に残っている体験とはいえませんよね。ここは正直なところ、準備不足です。
→p122 質問19参照

あと、ボランティアの体験について、体験自体はないと書いてありますが、公園でゴミが落ちていれば拾うように心掛ける…。うーん、これどうですかね、当たり前のことをや

っているという感じがあるのですが、特に、自分が人よりも気をつけてやっているということを感じたことがありますか？

そうですね、気をつけてやっているということは、あまりないんですけれども、何か気がついたときには必ずやるようにはしています。たとえば、そこには公園でと書かせていただいているんですけれども、電車の中で缶が落ちていたりとか、そういった場合もすぐに拾って次の駅で捨てるということは、人目をはばからず、必ずやってきました。

×
ボランティア体験がないのであれば、「体験はありませんが、合格したら活動に参加したいと考えています」と書けばよいところを、無理やりボランティアにこじつけて書いてしまったがために生じたマズイ流れです。
→p123 質問20参照

◆

趣味のところで、「ラジオを聴くこと」とあるのですが、趣味としては珍しいですね。たとえばここに趣味で「テレビを観ること」と書くと、この人ちょっと幼稚じゃないかなと思われるようなところがあるんですけれども、あえてこれをお書きになった？

これは、面接官がおやっ？と思う記述です。何らかの考えを述べるために、“エサ撒き”として書いたならばよいのですが、そうならばキチンとそこを話せるようにしておかないといけません。

はい、そうですね。

それは、なぜですか？

やはり、ラジオを聴く方は少なくはないと思うんですけども、一般的ではないのかなと思ったことと、私がすごい感じるのは、テレビですと視覚に頼ってしまって、考えるという

×
「すごい感じる」は少々幼稚な言葉づかいです。「痛切に感じる」くらいは使いましょう。

ことが少し少なくなってしまうのではないのかな、ということです。ラジオですと、聴いたことに対して、自分の発想、経験、考えというものを持てるので、その部分で、イマジネーションといいますか、自分の発想力を豊かにできるものでもあるのかな、と私は思っていました。それで、好きでもありますので、趣味の欄に書かせていただきました。

△
自分なりに考えていることをキチンと話すかたちで展開できている点はよいのですが…やはり趣味は、やって楽しいことを中心に話した方が共感を得やすいかもしれません。
→p127 質問24参照

メディアでは他に新聞もありますが、新聞とラジオではやっぱりラジオなんですかね、その差はどうですか？

そうですね、まだ新聞というものに慣れているというわけではないので、紙面に書いてあるものからすべてをつかみ取るということが、私にはできていない部分があるんです。が、ラジオであればそのパーソナリティーの人の考え方がだんだんわかってくるので、その人の考え方と自分の考え方が一致するときとか、この人はたぶんこういうことを考えているのだなと想像して、それが合っているような話の流れになったときには、嬉しかったりします。そのあたりが、ラジオのほうが好きなところですね。

×
社会人経験があるのに新聞に慣れていないというのは、いかがなものでしょうか。面接官はここにも幼稚さを感じます。ここは自分が、「じっくりと考えるプロセスを重視する人間だ」ということをアピールしたいところですね。また、新聞を読む習慣のない人＝社会に関心の薄い人という評価にもつながりかねないので、自分の好きなメディアを通じて社会への関心をどう広げているかという点にも言及したいところです。

◆

この面接カードの自己PRに長所は書いてあるんですが、短所って何かあります？

短所はそうですね、踏み込んで一生懸命にやることはやるんですけれども、その前に考えすぎてしまう部分もあるのかなと思います。やはり、考えて行動するのはいいこともあると思うんですけれども、もう少し大ざっぱにやってその後に考えて行動するということも必要であると思っています。そういう面で、考えすぎるというのが短所であり、これから改

○
短所＝長所と表裏一体ということを示せている点はOKです。

善していく点であるのかなと思っています。

まだ、改善できていない？

そうですね、やはり、まだ考えすぎてしまうというところは多少あります。

×
どのように改善しようとしているかに言及したいところです。 →p126 質問23参照

大学を卒業して２年経って、今年、どうしても合格しなければならないところであると思うのですが、どうします、もし試験に落ちたら？

出ました。困ってしまう質問ですが、困って結構です。その中で、キチンと話せればOKです。
→p104 質問９参照

試験に落ちたらですね、多少考えてしまうところがあると思うんです。けれども、やはり自分は公務員になりたいという気持ちがしっかりあります。親と話してもう１年延長してもらいこれまで１年間勉強した分実力もついておりますので、アルバイトと両立させて勉強していきたいと思っています。

△
「公務員になりたい」の具体的内容＝自分のコアの部分に言及できればもっと説得力が増します。 →第２章１参照

ほかの試験はお受けにならないのですか？もしくは受けていないのですか？

Ａ市、Ｂ市は受けています。

そちらの試験はどうなっています？

Ａ市は１次試験に合格しまして、いまは、２次の結果待ちです。

○
事実に対する質問の回答⇒テキパキと、という秘伝どおりです。
→p129 質問25－２参照

そちらが最終合格、そして、残念ながら国家公務員が不合格ということになったら、どうされます？

本気度再チェック。労働局で働きたいということで結論したいところです。

そうですね、やはり、経済的な面とあと１年間勉強するという面を考えてしまうとは思うんですけれども。私としては労働や雇用といったところは国家公務員でできる仕事であり、地方ではなかなか難しいのかなと思いますので、私としてはもう一度、もう１年がんばって…。

○
労働局で働きたいという志望動機と結び付けられたのはOKです。

じゃ、Ａ市を受けた意味がなくなるんじゃないかと思いますが、どうですか？

さらに追い討ちをかけて本気度をチェックします。

たしかにそういう部分もあるとは思うんですけれども、自分の中では面接を受けたり、Ａ市で働いている人たちを感じる中で、もしかしたら、何か変わってくる部分もあるのかなと、思って受けていましたので、無駄にはならないと私は思っています。

×
これだと、これからＡ市で働いている人をみていくことで志望が変わるのでは、との疑問がわいてきます。「自分のコア」をベースにして、国家公務員でこそそれが実現できるのだ、という国家公務員を志望する必然性を示したうえで、Ａ市でもそれは可能だと考えて受験したと答えて、志望序列を明確にしたいところです。

◆

はい、最後に、１分程度で自己PRをお願いします。

はい、私は人一倍がんばりがきく人間であると思っています。それは、営業の仕事をしていたときにですね、１日100軒とか、目標を立ててまわっていたんですけれども、その目標を達成した後にさらに１軒、さらにもう１軒と一生懸命にまわることを努力してきました。
この経験や自分の長所を活かして、国家公務員になっても必ずあきらめない、一生懸命がんばれる人間になっていきたいと思っていますので、よろしくお願いいたします。

○
この自己PRは無難にまとめています。できれば、国家公務員としてどのようにがんばれるのかを具体的に述べたいところです。
→p96 質問５、p129 質問25－２参照

はい、わかりました。以上でけっこうです。

ありがとうございます。（座ったままで礼）
失礼します。（退室）

×
これはイケマセン。面接官とは対等の立場ではありませんから、礼は立ち上がってからするようにしましょう。
→第２章４参照

▶山ちゃん Check！

民間企業の就職活動・営業職の経験があることが、回答の内容や話し方のベースとなり、大きな問題のない面接試験でした。この程度であれば、十分及第点です。

では、最初に話しました、面接試験の３つのポイントに沿って、みていきましょう。

❶ 自分のコアをうまく伝えることができたか

この受験生のコアは、「民間企業での経験から考えた自分なりの職業観や将来どうありたいのか」です。あまり明確にできたとはいえませんね。

❷ 面接カードでうまく“エサ”を撒けたか

“エサ撒き”に関しては成功したのですが、これに続く質問に対する対策がキチンとできていなかったため、ハッキリいって失敗に終わりました。

❸ 意識を問う質問、事実を問う質問にうまく対応できたか

事実を問う質問に関しては、まず聞かれたことに答え、そのうえで流れに沿って話していく、という点は留意してもらいたいところです。今回の内容ならば、面接官の関心から外れるというものではなく、及第点でしょう。

また、意識を問う質問に関しては、自分のコアとからめて将来に対する意識を示せたのかどうか、がポイントです。この点は、残念ながら自分のコアが明確に示せていないため、将来に対する意識が空回りしてしまいました。

全体では、「ものすごい」など、友人同士で使う言葉は使わないほうが無難でしょう。あとは、個々のポイントで指摘した点を改善してほしいところです。

東京都Ⅰ類B（行政／一般方式）2次面接再現

受験生プロフィール

- 宮沢　琹さん（仮名・22歳・女性）
- 私立大学法学部在学中の現役受験。大学2年の秋から公務員受験を目指して学習開始。
- 東京都が第一志望、ほか裁判所、国家一般職、国立大学法人、市役所などを受験。

面接試験当日の詳細：

- 東京都江東区にあるテレコムセンタービル内、西棟15階東京都職員研修所に集合。ここで検温と手の消毒を行う。
- 集合場所は広い会議室のようなところで、100人まではいかないもののかなりの受験生が集められている。
- 集合場所から7～8名の受験生が1グループとして順次呼ばれ、面接会場に近い別の階の待合室に移動する。集合から40分くらい待って、3番目くらいのグループとして移動した。
- 待合室は広い休憩室のようなところで、ここで5分～10分程度待機。スマートフォンの電源を切ったり、お手洗いに行ったりしながら待つ。
- その後面接を行う部屋へ移動。同じグループの受験生が部屋の入口に集められ、面接室の前まで案内してくれた係員の掛け声を合図に一斉に入室する。
- 面接は個室で行われるが、感染症対策のためか入り口はずっと開いたまま。このため、ノックしてドアを開け、ドアを閉める、といった入退室の所作を実践する機会はなかった。また、ドアが開いているため隣の部屋で同時に進行する面接の音声が多少聞こえるが、集中していれば妨げになるほどではなかった。笑い声が聞こえてきて、にぎやかなやり取りをしているんだなと思った。

- 面接官の方は３人ともマスク着用で、面接の最初に確認のため、受験生はマスクをいったん外すよう求められる。
- 面接が終わったら、部屋の外にいる係の方に声をかけて、終わった受験生から順次解散。

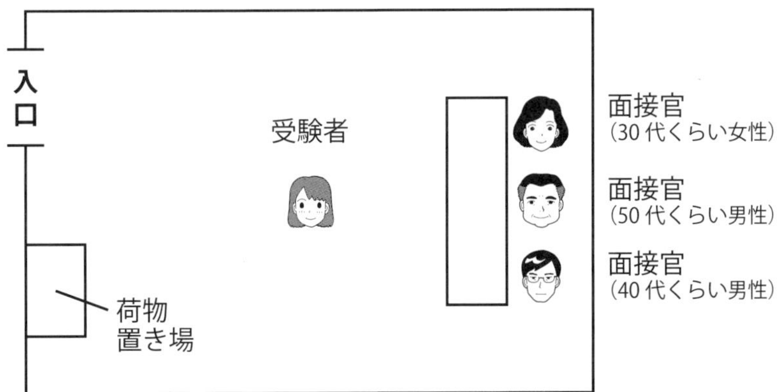

■ 面接シート

フリガナ
氏　名

Ⅰ類B　面接シート【1】

一般方式　行政（新方式）

※ＩＣＴ（新方式）の方は、「Ⅰ類B　面接シート【2】」を使用してください。

受験番号	2次　月　日　組	

1　あなたがこれまでに学習したこと又は研究した内容などを書いてください。受験する試験区分に関係するものがある場合は、そのことを中心に書いてください。

経済のゼミに所属し、動画やプレゼンテーションによる企業の商品PR等を行い、具体的課題への解決案提示をしています。活動の中心であるグループワークではサブリーダー役として、メンバーのどんな意見も拾い上げることを忘れずに行動しました。

2　あなたがこれまで力を入れて取り組んだことについて、取組期間も含めて書いてください。（3つ以内・箇条書き）

① クラシックバレエ（4歳～高校3年生）
② 飲食店でのアルバイト（大学2年生～現在）
③ 大学でのマネージャー経験（大学1年生～現在）

3　これまで取り組んだことのうち、成果や達成感を得た経験（1つ）について、あなた自身の行動を中心に具体的に書いてください。

アメフト部のマネージャーとして、バレエの経験を活かして選手を支えた経験です。部は組織が未整備で退部者が絶えなかったため、ケガ防止のためのストレッチの導入やビデオ分析の改善、また結果が出せずにいる選手への声かけなどを徹底した結果、部員全員の積極的な参加が実現し、部の目標であるリーグ戦優勝も達成できました。バレエで入賞した時とは異なる感動を覚えると共に、多方面からチームを支えることの尊さを実感できました。

4　東京都を志望した理由について書いてください。

公務員を目指そうと思ったのはサービス提供の対象が広く、困っている人の助けにもなれることが理由です。その中でも東京都を目指そうと思った理由は2つあります。政策立案と現場での取り組みの両方に携われること、携われる分野が幅広いことです。クラシックバレエとマネージャーの経験で得た適応力を活かし、生まれ育った東京都で一人でも多くの人に暮らしやすいと感じてもらえる地域づくりをしたいと考え、志望しました。

5　東京都に採用されたらやってみたいことについて、具体的に書いてください。

高齢者支援、特に高齢者の社会的孤立の阻止に取り組みたいです。今後も高齢化が深刻になる東京都では　ここから派生する諸問題の対応は急務であると考えます。祖父母の高齢化を目の当たりにし、他人事ではないと感じ、都民が年齢に関係なく安心して暮らせる社会を実現したいと思いました。地域におけるスポーツ振興や空き家など空いている施設を使った地域での居場所作りをし、さらにオンラインで繋げる取り組みも併せて行いたいと考えております。

職歴	□在職中（経験　社/在職期間　年　月）　□離職中（経験　社/在職期間　年　月）　☑職歴なし	
希望する行政分野	1　福祉、保健医療	2　教育、文化

※ 出身学校名（留学先学校名を含む。）や、それが分かるようなことは記入しないでください。

暑いですね。これから面接を始めますのでよろしくお願いします。
まず、自己PRをお願いします。

私の強みはそのときの状況に合わせて主体的に行動できるところです。この強みが最も発揮されたのが、大学のアメフト部でのマネージャー経験です。
強いチームだったのですが、１年生と４年生の間に技術面と精神面において差があるのが課題でした。マネージャーは練習や試合の様子をビデオで撮影するのですが、このとき選手がプレイの研究をしやすいようにビデオの吹込みをしたり、選手にどのように撮ってほしいか聞き出して反映させたりしていました。また、どんな選手も居心地が悪くならないよう、積極的に挨拶や声掛けを行うようにしていました。
その結果、選手間の格差が小さくなり、選手から「ありがとう」と言葉を掛けられることが多くなりました。このように、状況に合わせて能動的に動くことができる力は東京都の職員として求められる力だと思いますし、この経験を活かして東京都のさらなる発展に貢献していきたいと思います。

①自分の強み・エピソードをコンパクトに述べることに成功しています。上々の滑り出しです。

②ここでエピソードについて詳細に述べていますね。もちろん、これでダメではありませんし、うまくまとめて話すことができています。ただ、後の質問からもわかる通り、面接官はここを掘り下げてきていますよね。だったら、もっと深堀りさせる余地を作るために、もっと抜いて話しても良いのかもしれません。

③ここが「これからの自分」の像を伝えるところです。もちろん、面接官の関心がここにあることは間違いありません。「これまでの自分」を薄めにして、③を具体的に述べる方が自己PRとしての完成度は上になりますよ。

いまの話に出てきた、アメフト部でマネージャーを務めていたときのことについて聞きたいのですが、１年生と４年生との間に差があるという課題はどうやって見つけたのですか？

４歳から高校３年までクラシックバレエを習っていた経験があるのですが、そのとき当事者として似たようなことを感じたことがあったからです。入部してマネージャーを務めている中で、感じた思いを周りに伝えました。

④あれっ、ここは質問に答えていませんよ。質問は「どうやって」というものなのに、「なぜ」感じ取ることができたかを答えています。

自分で組織を変えるのは大変だと思うのですが、どう働きかけて周りを変えていったのですか？

私１人では何もできないと思ったので、他のマネージャーや主将、他の選手を巻き込むようにしました。

⑤ダメではないのですが、「巻き込む」という語は、悪いことに引き込むという語です。「他の選手の協力を得て」という表現がよいでしょう。

一番大変だったことは何ですか？

ビデオ分析の改善における要望を聞き出していくのが大変でした。

⑥ここからの２つのやり取りは、質問に対してテキパキと答えられており、良い流れです。

ビデオ分析を改善したことの成果としてはどんなことがありましたか？　先ほど挙げてくれたことのほかに、何か目に見えないようなことでもあったら教えてください。

選手のケガが減ったり、撮影したビデオを見てくれる選手が増えたりしたことがありますが、それ以外に居心地が悪そうにしている選手が減ったことがあると思います。

マネージャーを務める中で学んだことを、東京都の仕事の中でどう活かせると思いますか？

そのときの状況を見て臨機応変に課題を見つけ、それを解決するために主体的に動くことができると思います。

⑦この回答、どこで働くにしてもOKというものですよね。「東京都の仕事」の特徴に合わせて答えることができれば…と思います。

東京都で働くうえでの対人関係ではどのように活かせると思いますか？

相手を尊重しながら自分の意見を伝えることや、周りと適正な距離を保っていくことに役立てられると思います。

⑧ここも⑦同様です。「東京都」の内部の人、1400万人もの人口、さまざまな企業など相手はバリエーションに富んでいます。ここは厚く語りたいところです。

少し話題を変えて、大学のゼミについて聞かせてください。先ほどの自己PRでは、主体的に動けるのが強みだという話がありましたが、ゼミ活動の中で何か主体的に動いたことはありますか？

経済のゼミで、企業の商品をPRする動画を作成する取組みをしたのですが、いろいろな意見を持っている他のゼミメンバーをまとめて動画を完成させるプロセスで主体的に役割を果たしました。

⑨「主体的」の内容までグダグダ述べずに、逆に面接官の「どんな風に」という関心を引き出していますね。非常に良い回答です。

どんな風に他のゼミメンバーをまとめていったのですか？

メンバー全員の要望を完全に叶えるのは難しいので、一部は妥協してもらい、他の部分ではみんなが納得いく形にしました。具体的には、全員のやりたいことを動画のなかで実現することは不可能ですが、動画の中に全員が登場する機会を作ることで、一定の納得感が得られるようにしました。

⑩さらに次の「どのような働きかけ」という関心を引き出せていますね。自らの力で良い流れを作り出せました。

落としどころを探るために、メンバーにどのような働きかけをしたのですか？

メンバー１人１人に話を聞いたり、相談に乗ったりすることを心掛けていました。

組織で働く中では、ゼミのメンバーどうしのように対等な関係だけでなく、上下関係が生じることになりますが、もし上司と反対の意見を言わねばならないとき、どのようなことを心がけますか？

言いたいことがあっても一度にきっぱりと言わずに、自分の意見を少しずつ小出しにすると思います。

⑪ゼミのメンバー＝同質、組織の中＝異質も存在するということをもう少し考えたかったですね。まあ、人柄が出ているのでOKではあります。

では、私からもいくつか質問させてもらいます。ご自身の性格についてなのですが、短所はどのようなところですか？

細かいところまで気にしすぎるのが短所だと思っています。

⑫ここからの「短所」に関わるやりとりも、テキパキと回答することができていますね。

細かいところまで気にしすぎてしまうことで、失敗したと感じるようなことは何かありましたか？

大学の課題でレポート作成を求められたときに、細かいところが気になりすぎてうまくいかなかったことがあります。

短所を改善するために何かしていることはありますか？

細かいことにとらわれすぎず、「本当に必要なことは何か」ということを考えて動くように心がけています。

なるほど、では少し違った話題になるのですが、「仕事をする」ということを全体的に考えたとき、公務員と民間の違いはどういったところにあると思いますか？

民間企業は自社にお金を払ってくれる人に商品やサービスを提供しますが、公務員の仕事は誰に対してもサービスを提供するところが違うと思います。

⑬まあ無難な回答ですね。公務員は「カネになるかどうか」を考えずに済む仕事である反面、大きなものを背負っているということを考えたいですね。

ではそのような違いを踏まえて、公務員という職業に求められる資質はなんだと思いますか？

誰にでも平等に接することと、状況に応じて柔軟に対応する力が求められると思います。

⑭前半の回答は前の回答とリンクしていますが、後半は結びついていません。⑬で述べた背負っているものを述べていれば…とは思います。

ではご自分には柔軟性があると思いますか？それともこれから身につけようと思っていますか？

これまでの活動から身についた部分もあると思うのですが、仕事をする中で必要なものはさらに身につけていきたいと思っています。

⑮回答がその場しのぎで終わっていますが、追及がなかったのでOKでしょう。

いま、テレワークが進んでいて、必ずしも同じ空間で職場の人と一緒に仕事をするわけではないという状況が拡大していますね。そんな中で周りと十分にコミュニケーションをとるにはどのような方法があるでしょうか？

メールなどの公式なツール以外に、比較的フランクなやり取りができるような雑談用のツールを使うのがいいのではないかと思います。

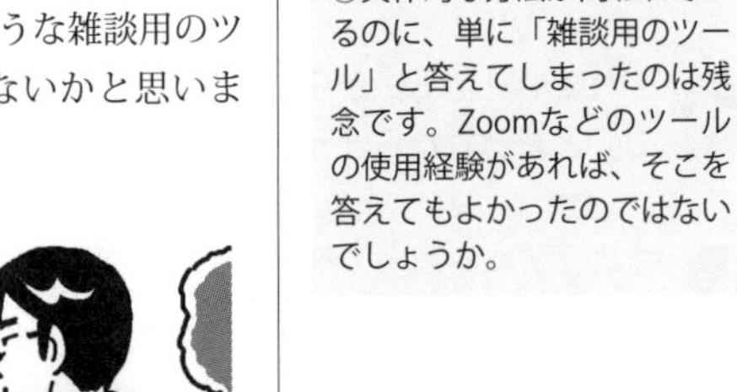

⑯具体的な方法が問われているのに、単に「雑談用のツール」と答えてしまったのは残念です。Zoomなどのツールの使用経験があれば、そこを答えてもよかったのではないでしょうか。

テレワークは感染症対策のために導入されている側面があり、一方でコミュニケーションを十分にとるには対面で接していることも大切です。どちらも進めるのは難しいと思うのですがどうしたらよいでしょうか？

業務内容に応じて使い分けるのがよいと思います。

もし、自分は対面で仕事をするべきだと考えているのだけれど、他の人はテレワークのほうがいいと思っている、といった具合に意見の食い違いがあったとして、どのように自己主張しますか？

流れに合わせつつ自分の意見が言えるなら、その必要性や重要性とともに伝えようとすると思います。

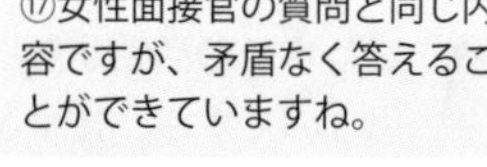

⑰女性面接官の質問と同じ内容ですが、矛盾なく答えることができていますね。

これも「もしそういう場面があったら」という質問なのですが、自分が聞きたいことがあるのに、それを聞く相手である先輩が忙しそうにしているとき、どうしますか？

まずは自分で考えてみて同僚にも相談してみて、本当にわからないことだけ上司に聞くようにします。

それでも「忙しいからマニュアル読んでおいて」と言われたらどうしますか？

マニュアルを誤って解釈して後の業務に支障が出るのはよくないので、本当にわからなければ聞きたいことを絞って端的に上司に聞きに行きます。

⑱前の回答からさらに食い込んできました。これは「圧迫」ではないですよ。「もしもそういう場面があったら」という質問に対して、その場面を考えた回答になっていますね。キチンと考えて回答している証拠です。

では、私からもいくつか聞かせてください。アメフト部、感染症の拡大防止のために活動できないこともあったと思うのですが、自粛中はどんなことをしていましたか？

自粛はどうしようもないことなので、散歩、料理、読書などをして過ごしていました。

このようにどうしようもない要因で活動が制限されたりして、モチベーションが上がらないとき、どのように自分を鼓舞していますか？

以前にも気持ちがダウンしたことはあったのですが、いざ部活動が再開して参加すればやっぱり楽しかったので、今回もきっと元に戻れば楽しいだろうと前向きに考えています。

⑲この回答、平凡な感じがしますが、たぶん話し方にこの方の人柄が出ている話しぶりだったのではないかと推察します。こういったところで、普段の自分を見せることができれば合格間違いなしでしょう。

やりたい仕事についてなのですが、面接カードの志望理由のところに、東京都は政策立案と現場の取組みの両方に携われるということを挙げてくれていますが、実際はどちらの仕事をしたいですか？

どちらかと言えば、現場の仕事に興味があります。

「採用されたらやりたいこと」に挙げている「福祉」はどちらかというと区が主体なのですが大丈夫ですか？

（かなりしどろもどろになりつつ）はい、自分は１人でも多くの人に暮らしやすいと感じてもらえる地域づくりがしたく、どんな仕事もつながっているのでやりがいを持って働けると思います。

⑳う～ん、最後にピンチを迎えました。都が扱う福祉の案件って厄介なものが多いんですよね。そこにチャレンジできることも都の仕事の魅力かもしれません。

FAXを送ったりといった単純なデスクワークも多いけどやっていけますか？

はい、どんな仕事も前向きに頑張りたいと思います。

㉑まあクロージングなので、これでダメというわけではないですが、余裕があれば「仕事に対する意識」と共に話したかったですね。

面接を終えて

面接時間は30分程度で、私が受験した中では最も長い面接でした。雰囲気は至って普通で、面接官の方は３人ともたまに頷いてくれたり、女性の方はたまに笑ってくれたりしました。

全体的に長くしゃべってしまったような気がしたのと、たまに回答に詰まる場面があったなという実感で、手ごたえはあるようなないような感じで終わりましたが、事前にきちんと練習していたのでマナー面はしっかりと実践できたと思います。結果的に合格できていたのでよかったです。

▶山ちゃんCheck！

冒頭の自己PRは、受験生にありがちな「過去のこと」を中心としたものとなってしまいました。もちろんこれでダメというものではないですが、自己PRで求められていることは「これから」だという意識で構成できるとさらによいものになったはずです。その後、コメント⑥あたり、⑨⑩あたりでは「良い流れ」を作り出せているところが合格点を得た大きな要因かと思います。やはり話は「流れ」なのです。途中に、少し物足りなさを感じさせる回答もありましたが(コメント⑩・⑬)、良い流れは継続しています。その流れに乗って出たのがコメント⑱の回答ですね。面接官の関心の移行という流れに合わせてうまく回答することができました。最後に息切れ？してしまったのか…ピンチを迎えてしまいましたが、それまでの「良い流れ」が救ってくれる形で、終了を迎えることができました。

この受験生は「マナー面」をポイントに挙げていますが、私は上で述べたような「流れ」が合格のポイントであったと考えます。１つひとつの回答も大事ではありますが、終わった時に「いい話」という印象を残す最大のものは「流れ」だと考えます。面接官の質問に、ある時はテキパキと、ある時はキチンと考えて回答する。それが面接における「良い流れ」なのです。この面接では、それができていましたね。

Section 6

集団面接対策 概要とポイント

集団面接の概要

● 形式、人数、時間、内容

集団面接は、おもに地方上級試験で採用される試験形式です。一方、正規の試験ではありませんが、官庁訪問においてもこの形式は使われます。受験者は３～10人程度で１グループとなり、５人前後の試験官による面接を受けます。形式は、試験官が司会者となって受験者を順に指名し、発言を求めるタイプと、挙手制で受験者が自由に発言するタイプの２つがあります。また、面接の冒頭で受験者に自己紹介をさせる場合もあります。

● 目的、特徴

個別面接と同じく人柄、情熱、業務の理解度など、受験者を総合的に評価しますが、集団面接の特徴は、受験者同士が相対評価されるところにあります。面接官からすると、一人ひとりに割く時間が少ない代わりに、他の数人と比べることができるので、評価しやすいのです。

● 受験者からすると

受験者が複数いるので、個別面接より安心感を持つ人もいるでしょう。一方で、自分がいおうと思ったことを他の受験者に先にいわれてしまったり、声の大きな人に圧倒されてしまったりするので要注意です。

集団面接のポイント

集団面接では、個別面接と違って、受験者の回答に対してさらに質問してくることが、ほとんどありません。このため、以下のポイントに注意する必要があります。

● 簡潔第一！

いきなり難しい注文ですが、集団面接で長々と回答していると、「回答は簡潔に」との注意が飛びます。面接官は、すべての受験者に質問しなければならないので、このような空気を読めない回答には苛立ちすら覚えてしまうのです。ですから、簡潔第一です。まず、与えられた質問に対する答えを述べる。そのうえで、その理由・具体例などを述べるという構成を取りましょう。志望動機やその官庁・自治体の良いところなど、想定される質問に対する回答はきちんと準備しておきましょう。

● 回答がかぶっても気後れしない！

集団面接では、自分のいおうと思っていたことを先にいわれてしまう、ということが多々あります。このような場合も、臆することなく、自分の回答を述べていきましょう。「Bさんもおっしゃったことですが、私も…」と答えていけばよいのです。自分の回答なのですから、気後れしてはいけません。

● ときには積極性も大切！

挙手制などで、難しい質問に対して誰も挙手しない場合には、「ではあえて私から…」といったかたちで積極的に回答していくことも必要です。だからといって、どんな質問でも、答えもないのにハイハイと飛びつくのもイケマセン。「ときには」積極的に、です。

＼山ちゃんの／「コア」が見つかる 面接相談室

その2 「主体的な取組み」を探そう！

面接試験を控えているのに対策が一向に進まない受験生。カウンセリングを通じて面接に必要な「コア」をいっしょに見つけるシリーズです。

先生こんにちは、今日もよろしくお願いします！

はい、こんにちは。じゃあ今日は、さっそく過去の経験の中から面接の場に持っていけるような「強み」を見つける作業をしていこうか。

これまでに取り組んできたことを、思いつくままに書き出してきました。例えば、この行政法ゼミでの研究発表なんかはどうでしょう？

いろいろある中から、まずそれを挙げたのはどうして？

それは、ええと、つい最近の新しい出来事なのでいいと思ったのと、それほど大変じゃなかった割にいい評価がもらえたので、アピールになるかなって…。

ゼミで高評価だったのは喜ばしいとして、それがそのまま面接での高評価になるわけじゃないよ。

たしかに…。

学業に関することがダメだというわけじゃなくて、「それほど大変じゃなかった」ことよりは、「苦労したけれど、そのおかげでよい結果につながった」という性質があるもの、もう少し広くいうなら「主体的な取組み」の度合いが大きいものを選ぶといいね。

主体的な取組み…？

つまり自分でやりたいと思って始めたことや、よりよい結果になるように自分なりに工夫したことのほうが、自分の強みにつながる要素を見つけやすいんだ。逆にそれが満たされていれば、学業に関することでも課外活動に関することでもいいし、例えば大学時代のように最近のことでなくて、もっと古い高校時代の取組みを題材にしてもかまわないよ。

そうなんですか！　学生だったら大学時代、社会人だったら仕事のなかからアピールしなきゃいけないものだと思っていました…！

山ちゃんのアドバイス

大学時代の取組みが見つからない学生さんや、仕事の中に一番の自分のがんばりを見つけられない社会人の方は、もっと過去の取組みを探してみてもかまいません。主体性を持って取り組んだことを題材にしたほうが、アピールポイントを見つけやすくなります。

それならむしろこっちのほうがいいかも。高校時代のときに文化祭の展示を工夫したときのことなんですが…。

ふむ、どれどれ…。

●高校２年の文化祭でのエピソード

写真部で毎年行っている文化祭の展示がマンネリ化しており、来場者数も少ない内輪の消化試合のようなイベントになってしまっていたので、他の部員と協力して新しい企画展示を行った。

じゃあ、これについて深く掘り下げてみよう。過去のエピソードから「自分の強み」を抽出するための分析をするときは、次の４点を振り返っておくといいと思うんだ。

過去のエピソードの分析視点

❶その取組みの目標は？
❷その目標を達成するためにはどんな困難があった？
❸その困難をどのように工夫して乗り越えた？
❹取組みを通じてわかったことや、成長したと思えることは？

この４点についてきちんと整理しておくと、自分の強みを見つける役に立つし、このエピソードについて面接でいろんな切り口で質問されることがあっても、対応しやすくなるよ。

なるほど、面接でダイレクトに話題になったときにも役立ちそうですね。でも先生、実は、最初から「目標」といえるようなものをきちんと決めていたわけじゃないんです…。

それなら大丈夫。何か事を起こすとき、必ずしも最初から目標をきちんと定めて取り掛かるとは限らないよね。それなら、「いま振り返ってみると何のためだったのか？」、「なぜあんなにがんばれたんだろう？」と後づけで考えてみればいいんだ。

うーん、それなら、やっぱり写真にもっと興味を持ってもらったり、写真部の活動の楽しさや部員同士の仲のよさが伝わったりする展示にして、来てくれた方に少しでも楽しんでもらいたいという気持ちや、せっかくがんばって展示している部員側の思い出にも残るものにしたいと思ってました。

それは立派な目標といえると思うんだ。それを軸に、次回もこのエピソードを深く分析してみよう。

受験生への宿題

●あなたの過去（高校時代など、直近でなくてもOK）において、主体的に取り組んだことは何ですか？

⬇こんなことでもOK！

例：接客のアルバイトで心がけていたこと
　　友だちとの旅行中にみんなの意見が割れたとき調整役をした
　　いじめを受けていた友だちの心の支えになるような関わり

●いま振り返って、その取組みはどんな目標を持って行ったものですか？

⇒165ページに続く！

第3章

山ちゃんの
集団討論の秘伝

Section 1

集団討論対策 概要とポイント

集団討論の概要

● 形式、人数、時間、内容

集団討論は、おもに地方上級試験で採用される試験形式です。また、官庁訪問においても、似た形式が取られる場合があります。受験者は5～10人程度のグループに分けられ、与えられたテーマについてディスカッションを行います。複数の試験官が下図のように配置されます。テーマは、「ニートについて」「少子高齢化について」など、公務員の業務に関連が深い、時事的なテーマが課されるケースが多くなっています。時間は30分～1時間程度です。

■ 集団討論の流れ（例）

課題の配付
▼
各自、自分の意見を検討（10分）
▼
1人ずつ意見を発表（2～3分）
▼
討論（40分）
▼
結論を試験官に報告

◯ 集団討論のポイント

集団討論では、まずは、集団として１つの結論に向かって流れを作り出すことができたのか、が評価ポイントになります。ベンサムのいう「最大多数の最大幸福」を実現するのが公務員の仕事なのですから、集団の中の多数意見に少数意見の考えも加えたうえで、その集団としての結論を作り出すに至ったのかどうか、が問われるわけです。この流れというのは、成り行きの流れではないことはいうまでもありません。キチンと時間配分を決めて、結論に向かって議論の順序を組み立てることこそ流れを作ることなのです。

そのうえで、各受験生が集団の意思決定にどのような関わり方をしたのか、が評価されることになります。ですから、積極的に発言して、他者との差別化を図るだけが得点要素ではありません。この点が、民間企業で課されるグループディスカッションとは大きく異なる点です。集団討論の、個人の評定項目の例として、長野県が公表しているものを以下に挙げました。

独創性や積極性を要求しながらも、協調性や社会性がその上に挙げられているのが、その証拠と考えてください。

■《個人評定項目》の例（長野県が公表しているもの）

項目		視点		
社会性	個人の枠にとらわれず、広く社会全般に目が向けられているか	世間一般に通じる意見か	自分を見失わずに集団の中に入っていけるか	
協調性	他者と協調して問題を解決しようとしているか	仲間と協調する姿勢	対立した意見などを調整する努力をしたか	
独創性	他者のマネではなく独自の発想をしているか	他者には見られないユニークさ	自分自身の意見を持っているか	
積極性	自ら進んで能動的に集団に対して働きかけているか	参加意識が高いか	積極的に発言したか	
指導性	グループを統率し、討論の目的を明確にして結論に向かわせているか	議論の進行に寄与したか	集団を引っ張る力	判断力の有無
論理性	明確で論理の通った思考ができているか	テーマに即した論点を提供しているか	他者が理解できるか	説得力の有無

集団討論試験の秘伝

流れを作り出す！

これが一番大切であるがゆえに、一番難しいものでもあります。模擬・集団討論などでは、結局、流れを作り出すことができずに終わってしまうことも多々あります。

では、どうしてそのようなことが起こるのでしょうか？　それは、「キチンと時間配分を決めて、結論に向かって議論の順序を組み立てていない」、つまりどのような流れで討論を進めていくかについて誰も考えていないからです。誰も流れを考えずにただ話し合っているのは、大海原を漂流している船と同じで、目的地である結論に到達するはずがありません。また、漂流船だと自分たちがどこにいるのかが不明であるように、討論に参加しているメンバーの中には、いま何を討論しているのかが不明な者も出てきたりします。

そこで必要なのが、討論の前に設けられる検討時間の中で、これからの討論の流れをどのように作っていくかのタイムテーブルを作ることです。検討時間は、個人の考えをまとめる時間だという認識が一般的ですが、流れ作りも大切だと心に刻んでおいてください。とくに司会をやろうと考えている人には、必須の事項です。

そのタイムテーブルとは、たとえば、ある政策に賛成か・反対かを40分で討論する場合、個人の意見の発表で賛成多数・反対少数ならば、下記のようになります。

■ タイムテーブル①

①	10分	反対者が問題とする点を精査する
②	15分	その問題点を解決するためにはどのようにすればよいかを討論する →これは集団としての意見を賛成にもっていくための作業です。
③	10分	賛成を前提に、さらに改善すべき点について討論する
④	5分	まとめ

また、ある課題に対する施策を考えるという課題を40分で討論するならば、次のようになります。

■ **タイムテーブル②**

①	5分	討論者が述べた施策を分類 →意識を変える施策か行動を変える施策か
②	5分	①の分類のいずれを軸とするのかを明確にする →討論のメイン・サブを決める
③	20分	メインに関わる施策を討論する
④	5分	サブに関わる施策を討論する
⑤	5分	まとめ

討論前の検討時間中に、この流れについて全員の了承を得さえすれば、全員が経由地・目的地を明確に共有したうえで、討論に臨むことができます。

● 発言以外でも流れに関与する！

では、個人として、どのようにこの流れに関わっていけばいいのでしょうか。積極的に発言して討論をリードするのは、もちろん評価対象です。しかし、それだけではありません。流れがずれていきそうな場合に、引き戻す役割。流れから外れてしまっているメンバーの発言を促して、みんなが討論に参加できるようにする役割。地味ではありますが、タイムキーパーとして、時間の流れを管理する役割もあります。このように、集団の中での個人の役割にはさまざまなものがあります。自分にあった役割をきちんと勤め上げることが、集団討論で評価されるポイントなのです。

司会やタイムキーパーなどの役職を決めるかどうかはグループに任されることが一般的です（なかには「選ばずに」と指示されるところもあります）。上に挙げたタイムテーブルを作ることができるような人は司会をやってもよいでしょう。タイムキーパーは司会が流れをコントロールできなくなったときに「あと○○分ですので、次の××に進みましょう」といった形でサポートできればよいですね。なお、議事録を作成する必要はないので書記の選任は不要です。

● 流れを止めるな！

せっかくでき上がった流れを止めてしまうのは、一番怖いことです。このような場合、「あえて発言しますが…」といって、切り出すのも良い方法です。また、これまでの流れを整理してみるというのもよいでしょう。誰も発言をせずに流れが止まりそうになったら、「5つ数えて、誰も発言しなかったら、発言せよ」。これが山ちゃんの鉄則です。

● 深い議論はgood！　細かな議論は…やはりBad！

制度や方針の根本に関わるような深い議論（p.182の㉜参照）はよいのですが、施策の細かなところまであれこれ言及するのは、試験官は求めていません。行政のプロになってから考えればよいことだからです。それよりも原理や原則といったところを論じたいですね。

● 壊し屋はこうやって撃退せよ！

メンバーの中には、討論終盤に、もう結論が出たものを蒸し返したり、全く考えてもいなかった問題を出してきたりする人も見受けられます。こういった壊し屋の発言につられてしまったら、せっかくの流れがぶち壊しになってしまいます。とはいっても、このような発言を、言下に「ダメだ」と否定するのはマイナス評価です。誰もが気持ちよく討論に参加することができたことにはならないからです。

このような場合、「たしかにその点も重要かもしれないですね。でもこの討論は時間も限られていることですし、今は○○の点について話し合っているので、その点はまた別の機会に討論しましょう」といった具合にあしらうのがよいでしょう。

● 話しやすい雰囲気を作れ！

実は、これが最も必要なものです。模擬・集団討論では、メンバーが他者の発言をメモするために下を向いてしまっているケースがよく見受けられます。しかし、下を向いている人に向かって話すのは、話しにくくはありませんか？　いくら良いことをいっても反応ナシ。私だったら、「みんなこっちみて」と発言するかもしれません（もちろん、本番でこう発言したら、即不合格でしょうが…）。

自分が発言するときには、他者の顔をみて発言する。とくに、討論に参加できていないメンバーを向いて発言することは、その人の発言を引き出すことにつながるので有効です。また、他者の発言に対しては、キチンと反応をしてあげる。こういった配慮こそが、話しやすい雰囲気作りの第一歩です。

● 発言を躊躇してしまう人はどうすればよいか？

「勇気を持ちましょう」といった精神論は置いといて…良い策があります。それは他者の発言に「乗っかる」という方法です。

たとえば、あなたと意見を同じにするＡさん、異にするＢさんがいたとしましょう。Ａさんの発言の後、「私も基本はＡさんと同じように考えています。それは…（⇒ここはＡさんの発言内容そのままだとダメなのでその発言を自分の言葉で言い換えましょう）なんですよね。でも、先ほどＢさんが言っていた発言の××というところにも共感できる部分があるんです。それは…。正直、どちらが良いか決めかねているんですよね」という発言が「乗っかる」発言です。

どうでしょうか、これならばそれほどハードルは高くはないかと思います。あなたも討論のメンバーなのですから、自分の考えがどの位置にあるのかをメンバーに伝える必要があります。そうでないと、あなたのグループ全員の討論ではなくなるのですからね。ということで、ぜひ他者に「乗っかって」討論に参加してみましょう。

実際に対策をしよう

面接試験の対策は完璧なのに、集団討論はいきあたりばったりで…。このような受験生を多くみかけます。みんなでやるものだから対策の講じようがない、そう思っているからかもしれませんが、これは大きな間違いです。実は、集団討論こそ一度は練習して、というよりも失敗をして本番に臨むべきものと考えます。

私の予備校でも模擬・集団討論で対策をしていますが、成功に終わった例は皆無に等しいです（その失敗ぶり（？）は次ページからの第３章２「模擬・集団討論　実例と山ちゃんのポイント指摘」をご覧ください）。とくに失敗してしまうのが、一番必要とされる流れを作り出す点です。一度失敗して、本番では絶対にその失敗を繰り返さないことが重要なのです。

まさに失敗してナンボのもの。可能な方は、予備校などで行われる模擬・集団討論にぜひ参加してみてください。また、友人数人で試してみてもよいでしょう。そのうえで、本番で果たすべき役割としてどのようなものが自分に最もふさわしいのかを見つけ出すことができたら、個人の対策としては上々です。

もし本番の集団討論前に、同じ集団になりそうな人たちと触れ合う機会（たとえば健康診断で一緒になるなど）があったら、必ずどのような流れを作るのか（もちろんテーマによりますが、賛成・反対に分かれそうなテーマだったらこのように、問題の解決策を求められるものだったらこのように、という大雑把な流れ）について話し合ってみてください。そうすれば、どのような人が同じ組で参加するのかがわかり、自分の役割も見つけ出しやすくなるはずです。

以上のような対策をして、少しでも流れを作り出すことに関与できれば、合格は目の前です。

＼山ちゃんの／
「コア」が見つかる

その3　過去の取組みを詳しく掘り下げよう！

面接試験を控えているのに対策が一向に進まない受験生。カウンセリングを通じて面接に必要な「コア」をいっしょに見つけるシリーズです。

前回、高校時代の文化祭のエピソードを掘り下げることにしたけれど、前に掲げたエピソード分析の４項目をもう一度思い出しておこう。

過去のエピソードの分析視点

❶ その取組みの目標　❷ 目標を達成するうえでの困難

❸ 困難を乗り越えるための工夫　❹ 取組みを通じた気づき、成長

このうち❶の目標については、「写真を撮ることや部の活動の楽しさを伝える工夫をして、来場者や部員自身の記憶に残る展示に改める」という気持ちだったことを前回確認しました。

そうだったね、今回はその続きだ。そんな気持ちがあったとして、まずどのようなことを始めたのかな？

私と同じように毎回の展示を物足りなく感じている部員はそれなりにいたのですが、私も含めてみんな、いつもと同じじゃつまらないと思いつつ、とはいえどうしたいかと明確な意見はなかったんです。

ふむふむ、それで？

ネットで調べると、写真展というのは探せばだいぶ頻繁に、いろんなところで行われていることがわかりました。それで２週間ほど集中的に、後輩たちといろんな写真展を見てまわりました。

何かヒントになることはあった？

２点ありまして、まず多くの写真展には、全体を貫くテーマというか、コンセプトがあるということ。それと来場者と何らかの形で対話を持とうとしていることです。これは、自分たちの展示にも採り入れられるのではないかと思いました。

部の他のメンバーに話したときの、みんなの反応はどうだった？

方向性としてはよさそうだという感想が多かったのですが、問題もありました。それまでの展示は各部員が１年間に撮りためてきた写真の中から10点程度を自選して展示するというものでした。各部員の被写体はバラバラだったので、そこに統一的なテーマを後付けで与えるのが難しかったんです。

たしかに、年間の活動計画にはなかったものだから、それまでの活動とのつじつまを合わせるのは難しそうだね。

やはり人物を撮るのが得意なメンバーもいれば無機物が好きなメンバーもいるなどさまざまで、誰かにとってあえて撮影したくないものを展示のために作品に加えてもらうのは忍びない気がしました。

全体としては何か新しいことをしたいと思ってる。でも具体的に進めようとすると壁にぶつかる。社会に出て仕事をするようになってもよく起こることだね。じゃあどうやって解決したらいいだろう？

自分たちの作品にテーマを設けることは諦めて、他の写真展から採り入れようとしていたもう１点、来場者との対話をする、ということと組み合わせて解決することを考えました。

それはどういう解決法だったのかな？

展示のテーマを「そら」に決め、全校生徒から文化祭までの期間に空を撮影した写真を募集しました。

なるほど、いまはデジカメやスマートフォンで誰でも気軽に写真を撮ったりシェアしたりできるからね。

各部員の自選を集めた展示はこれまでどおり行いつつ、学校のみんなから送られてきた「そら」を撮影した写真を集めたブースも設けたんです。夜明け前の空から始まり、いろんな天気に変わっていく空を経て夕陽が沈んで夜になるところまでを時系列に並べて展開しました。

写真部以外の生徒にも展示に「参加」してもらうような形で「対話」を設けたわけだね。

はい、自分の撮った写真が大きな作品群の一部になっているのを見に来てもらうことで、写真の楽しさを感じてもらえるのではないかと思いました。だいたい概要としてはそのようなエピソードなんですが、この話から何か役立つものが見つかるでしょうか…？

そうだね、いま順を追って詳しく話してもらったのは、冒頭に挙げた❷と❸、つまり目標を達成するための課題と、それをどのような工夫で乗り越えようとしたか、を探るためだったんだ。ちょっと整理してみよう。

●高校２年の文化祭でのエピソード
【目標】展示をもっと魅力的で参加者・来場者ともに楽しめるものにしたい
【課題】各部員の作品の方向性を変えてもらうことは難しい
【工夫】テーマを設けて他の生徒にも展示に「参加」してもらう

じゃあ次回は、このエピソードから面接でのアピールに使える「自分の強み」を抽出してみよう。

受験生への宿題

●過去の取組みの中で、目標を達成することの障害になっていた課題・困難は何でしたか？
●その課題・困難を克服するために、どんな工夫・試行錯誤をしましたか？

⇒190ページに続く！

Section 2
模擬・集団討論 実例と山ちゃんのポイント指摘

課題

2015年（平成27年）６月に公職選挙法が改正され、選挙権年齢が満18歳以上に引き下げられました。これによりさらに多くの有権者が誕生したことになりますが、投票率は低迷を続けており、直近の2019年（令和元年）の第25回参議院議員通常選挙の全体の投票率は48.80％、2017年（平成29年）の第48回衆議院議員総選挙の全体の投票率は53.68％でした。なかでも若年者層（10歳代～20歳代）の投票率が低いことは大きな問題です。

若年者層の、選挙における投票率を向上させるための施策を考えてください。

〈参　考〉国政選挙の年代別投票率

選挙	1989・参議院	1990・衆議院	2017・衆議院	2019・参議院
10歳代			40.49%	32.28%
20歳代	47.42%	57.76%	33.85%	30.96%
30歳代	65.29%	75.97%	44.75%	38.78%
40歳代	70.15%	81.44%	53.52%	45.99%
50歳代	75.40%	84.85%	63.32%	55.43%
60歳代	79.89%	87.21%	72.04%	63.58%
70歳代以上	66.71%	73.21%	60.94%	56.31%
全体	65.02%	73.31%	53.68%	48.80%

▶山ちゃんCheck！

事前にきちんと流れを設定した場合でも、ついつい討論が「大海原を漂流してしまう」例は、枚挙に暇がありません。ましてや、流れを設定しないままでうまくいくことは、皆無といってよいでしょう。

ここでは、１つの事例を掲載します。私のコメントを参考に、どのように流れを作っていけばよいのか、それを一緒に確認していきましょう。

それでは集団討論試験を行います。まずは皆さんに目の前にある課題について10分間の検討時間を設けます。その間に自分の意見を考えて、その10分が経過した後に１人２分でＡさんから順に意見を述べていただきます。その後さらに５分間の検討時間を置き、討論に入っていきます。討論は40分間です。

（10分経過）

では検討時間が終了しましたので、これから１人２分で意見を述べてください。ではＡさんから順にお願いいたしします。

私は若年者層の選挙における投票率を向上させるための施策を２つ考えました。１つめは「選挙割引」の実施についてです。すでに実施している自治体もあると思うのですが、お店などと連携して、実際に投票をした人が店舗に証明書を持っていくと割引が受けられるといったサービスを行うことによって、投票に行く人が若年者層でも増えるのではないかと考えました。

もう１つは学校教育の充実についてです。以前、子どもたちが税金や政治について知っているかどうか聞いてみる機会があったのですが、子どもたちはあまり知らなかったということが印象に残っています。政治や税金について学校での教育をもう少し充実させることによって、投票に行きたいという意識を育てることが大事かなと考えました。

これら２つのことを行うことによって、若年者層の選挙における投票率を向上させられるのではないかなと考えます。

①施策を２つ考えるのは良いのですが、それが「行動を変える」ための施策なのか、「意識を変える」ための施策なのかという根幹を押さえたいところですね。ここは「行動」です。

②ここは内容からもわかる通り「意識」ですね。この発言の時に、しっかりと分類できていれば、後の討論でもメリハリの利いた討論につながったかと思われます。

Aさんの発言と重複してしまうのですが、やはり選挙割引というものを事業者等と連携して広めていくのがいいのかなと思います。そのためにはスマートフォンのアプリ等を活用して、割引を実施している店舗などを投票した人によりわかりやすく周知できるような仕組みを構築するのがいいと考えています。

このとき、投票済みであることを証明するものが必要になると思うのですが、現状では投票した後に自分から申し出ないとなかなか渡してもらえないということがあるので、特に申し出がなくても渡すように選挙管理委員会に働きかけるのがいいと思います。

③討論の個別発表では、このように施策の内容を掘り下げるよりも、施策の根本にある問題意識を出したいところです。問題意識をメンバーで共有することで、討論の土俵ができあがるのですからね。

④こういったことは討論の中で詰めていけばよい話ですね。③でも述べた問題意識についてもう少し掘り下げて発表したいところでした。

僕は、まずなぜそもそも若年者層が選挙に行かないのかと考えました。若年者層は選挙になじみがなく、そもそも投票会場がどういうところかわからないから行きづらい、という話を聞いたことがあるのですが、これが理由として一番に考えられることではないかと思います。また一度投票に行くと、そのあとも投票に行き続けるというデータがあって、そのようなことから若年者層が選挙に馴染みをもてるような施策を２つ考えました。

１つ目は、親が投票に行くときに子どもを一緒に連れていくというものです。自分自身の体験なのですが、子どものときに親と一緒に投票に行って「選挙ってこんなに簡単に終わ

⑤こういった自分の思考過程を明確にして話していくのが、意見発表の一つのやり方ですね。まずは問題意識を明確にし、その問題を解決するための施策を出していくという流れです。Cさんの発表はその点では高い評価を受けますね。

⑥そうなんですよ。投票に行くのが当たり前という潜在意識のようなものを育んでいくというのはよい施策ですね。

るんだ」という感覚が持てたことで、自分自身も投票に行くようになったということがありました。

2つ目も少し似たようなものになってしまうのですが、若者が投票会場でアルバイトする機会を作るというものです。これも自分自身の経験なのですが、この間投票会場で実際にアルバイトをしてみたことがあります。自分以外に現場を手伝っているのは年配の方が多くて若い人は全然いなかったのですが、やってみると選挙を身近に感じることができて、より選挙とか政治に関心を持てるようになったので、そういう方法もありかなと思いました。

⑦これまた、いい施策ですね。アルバイトで関わっていると選挙を意識せざるを得ませんよね。このあたりを討論内でもしっかりと論じていきたいですね。

これまでに出た案と重複する部分があるのですが、私は施策として2点考えられると思っています。

まず1点目としては電子投票のさらなる促進です。若年者層が投票しない理由の1つとして、投票が「面倒くさい」ことがあるのではないかと思います。投票の労力を軽くするための制度として、期日前投票をはじめいろいろな案がすでに出ていると思うのですが、それでもあまり投票率は高くならない。ということで先ほどBさんの案にあったようにアプリやQRコードといった、スマートフォンやICT技術をさらに使っていくべきではないかと思います。

2点目は、若者に対して投票に行くことのメリットというのをさらに説明していくということです。Aさんの案にあった学校教育や、後は投票会場でのアルバイトですね。投票することで若者の行動を促進させるような案をさらに具体的に煮詰めていくということが大事なのではないかと思います。

⑧Dさんも、Bさんに対する批評③があてはまりますね。討論を深めるためにも、Cさんのように思考過程を明らかにしながら発表したいところでした。

⑨電子投票の「さらなる」促進ではなく、オンライン投票制度の創設というのが正しいところではないですか。

※電子投票
投票所でタッチパネル等を用いて投票する方式です。

⑩学校教育や投票所でのアルバイトは、投票することのメリットの説明になるのですか？　もう少し考えを深めてほしいですね。

私も大きく２つのことを考えました。それぞれ、「選挙に関心がないから投票しない人」、「選挙に関心があるのに投票しない人」に合わせた対策です。

まず選挙に対する関心がない人に対しては、やはりＡさんが言うように、教育で選挙の必要性・重要性を伝えたり、またインセンティブを付与したりすることによって、投票に行く意識が少しでも働くと思いました。

２点目に、「選挙に関心があるのに投票しない人」がいるのは、何かしら投票を妨げるものがあるからだと思うので、そういった障害をなくすことが大事だと考えます。Ｄさんが言っていたように「面倒くさい」と感じたら行かないと思うので。やはりオンラインで投票できるととても便利だと思います。ただそれがまだ難しいのであれば、せめて投票会場の入場手続をスマートフォンで行えれば、投票に行こうと思ったときに家に入場券を取りに帰るということが解消されて、もっと気軽に行くことができるのかなと思いました。

⑪この方も、自分の思考過程を明確にしながら話そうとしていますね。いい流れです。

⑫インセンティブの付与は、利欲に訴えて行動を変えるだけであって、意識は変わらないのではないでしょうかね。

⑬これは良い分析ですね。こういった分析があることによって、どのような施策に効果があるのかが明確になってきます。この分析も討論で活かしたいですね。

それでは、これから５分間の検討時間を設けます。いま出そろった皆さんの意見をふまえたうえで、どのように討論をしていくのか検討してください。

※実はここの検討時間がポイントなのです。試験官も「どのように討論をしていくのか」と述べていますよね。

（５分経過）

それでは、40分間の討論を始めてください。

一同 よろしくお願いします。

どのように進めていくのがいいと思いますか？　経験がないので意見がある人いたら教えてほしいです。

D 時間配分だけ決めておきませんか？　何分までに意見を出して、残り何分で結論に向けて詰めていくという感じがいいかなと思います。何分くらいを目途にしますか？

⑭司会・タイムキーパー等の役割分担については触れられていませんでしたが、それはいいのでしょうか？

C そもそも別に結論を出す必要はなくて、それぞれの施策について検討ができればいいかと思って。いま何個も出たじゃないですか？　それぞれについて議論を重ねていく感じでいいと思うのですが。

⑮問題意識が出たところで具体的にどう議論していくかを示唆する発言となっていますね。

D あ、わかりました。

C 議論の対象とする件数を決めて、１件につき何分かけられるか決めたらいいのかなと思ったのですが、どうでしょうか。

一同　いいと思います。

⑯こうやって流れを決定づけると評価を上げることができます。

C いま出てきた案がいくつかのグループに分けられると思うのですが、どうでしょうか？

D 意識の面とか、インセンティブの面、投票の利便性、大きくはこの３つなのかなと思います。

⑰いやいや、意識と行動が問題の根底にあるもの、インセンティブや利便性は行動を変えるための施策で基本となるものであり、同列ではありません。

C 僕もインセンティブと利便性と意識とで分けたので、全く同意見です。

⑱いやいや、Ｃさん、あなたの意見はそうではなかったはずです。みんなに流されないで！

D その３つにしぼって議論していくということで、ＡさんＥさん大丈夫ですか？

A E はい。

40分あるので、だいたい１つ10分くらいですかね。

そうですね。

そうしたらインセンティブに関する施策から議論していきたいと思うんですが、何か意見ある人いたらお願いします。

⑲インセンティブは、選挙に対する意識が低い人にどうやったら選挙に行ってもらうかという話なのではないですかね。インセンティブの具体例をどうするかという話では？

冒頭のＢさんの発言にあったように、投票済証を全員にもっとスムーズに渡せるような制度改革が必要かなと思いました。

選挙の割引、今回の選挙でもあって、私も利用したいなと思ったんですけど、よく考えたらお店側が選挙割引をするメリットってなんなんだろうって。促進するのであれば、お店側が導入しようと思えるような仕組みが必要なのかなと思いました。

確かにお店側にどんなメリットがあるのかとか、どうやってメリットをつくっていくのかって議論の余地があるなって思いました。

短絡的かもしれませんが、ぱっと思いつくのは補助金であったり、税金をカットしてあげたりというような施策なのですが、ほかに何かお金以外でメリットを与えられる案はありますか？

選挙割引をしてくれるお店についてまとめたパンフレットのようなものを作って投票に来た人に渡して、「お得なので利用してみてください」と働きかければ、お店の売上に多少なりとも貢献できると思います。

⑳このあたりから何を論じているのかが全く分からない状況になっています。どのようなインセンティブが有効か⇒その方法はどのようなものか⇒問題点はないかという流れを明確にして討論したいところです。
そもそも論題は「若年層に」という点に重きがあるのですから、どのようなインセンティブが有効かは明確にしたいところですね。単に店舗での割引だと一般的な話になってしまいます。
また、証明書の転売への配慮なんて細かい話まで論じる必要はありません。施策を論じるためには、どのような問題があるかを明確にして、それに有効な施策を考えるだけで十分です。

そもそも投票済証を全員に配付することのデメリットってあるんですかね。投票済証を電子化したり、配付しやすくしたりすることのデメリットって、あまり見当たらない気がするのですが。

もしかしたら、証明書の転売が横行するようなことがあるかもしれません。

自分の提案であるものの、紙で発行すると経費がかかるという面があるかもしれません。そこも電子化すれば乗り越えられる点ではあると思いますが。

逆に電子化が実現して、データやスマートフォンの画面を見せれば証明できる、ということになると、いまＥさんからあった転売の問題が発生しやすくなるかもしれませんね。そういうところもデメリットなのかなと思いました。

（一同うなずくばかり、しばらく沈黙）

⑲どうやら、みんなも本筋からずれた議論になってきたのに気づいたのかな？　うなずくしかないようです。

デメリットを解決するための工夫として、アプリやQRコードで投票済証を発行して、それをお店に提示して割引サービスを受けることになると思うのですが、割引サービスの利用回数に制限をかけられないかなって思いました。仮に転売されたとしても２回までとかにすれば、おかしな転売による被害は抑えられるのではないかと思いました。

確かにシンプルで効果ありそうな気がしますね。

選挙割引については、投票済証を渡しやすくして、他者への転売等の危険に関しては回数制限を設けるなどをして防いでいく。そして

⑳けっきょく、「若年層」という縛りとは離れた結論になってしまいました。

お店側のほうにも選挙割引を導入するメリットを設けることによって、より利用しやすくするという方向でよろしいですかね？

一同 はい、いいと思います。

C では、次に投票の利便性を高めていく話に移りたいのですがいいでしょうか。
たぶん皆さんも考えたと思うんですが、電子投票を求めている声は多くて、若い人は特にこちらのほうが楽なんじゃないかと思うんですが、デメリットというかリスクみたいなのもたくさんあると思っています。例えば本当に本人が投票したかわからないとか、電子投票だからこそ起こりうるトラブルってたくさんあると思うのですが、皆さんどう思いますか。

㉑電子投票というのは、タッチパネル式の投票機を用いたものを指します。みんなが討論しているのは、ICTを使ったオンライン投票制度のことですね。

B 電子投票は、スマートフォンやパソコンから投票できて、わざわざ会場に行かなくてもいいというメリットがある反面、公共の空間でないところで投票することになりますから、いわゆる組織の圧力で強制的に誰かに投票させられるというように、投票の秘密が侵されてしまうリスクが一番あると思いました。

㉒細かい話ですが、投票の秘密ではなく、投票の任意性が侵されるのです。でも、現行の投票所を使った選挙でも、いわゆる組織ぐるみの投票という任意性に問題のある投票はそこらじゅうで行われているので、大した問題ではないと思いますね。それよりもICTを用いるとサイバーテロの標的になるというセキュリティの方が大問題ですよね。

C ちょっと話戻っちゃうんですけど、若年者層にとっての投票のしやすさ以外にも、電子投票のメリットはあると思います。例えば投票会場では紙の票を全部手で数えているじゃないですか。さっきも話した自分が投票会場でアルバイトしたときに、本当に職員の方が1枚1枚手で数えていて、多分あれで人件費がずいぶんかかっている。そういう面があるので、投票の秘密が侵害されるというようなリスクさえうまく回避できれば、投票率の向上以外にもいいことがある施策だと思うので、

そこを何とか解決できないかなと思いました。

D 電子投票と並んで、郵便投票などもあるのかなと思っています。実際にアメリカの大統領選では物議を醸したと思うのですが、そちらのメリット／デメリットについても考えたほうがいいと思います。

㉓「若年層」が投票券を入れた郵便物をポストに投函する（中身を考えると郵便局に持っていく）という姿は現実的ですかね？　論題は「若年層」の縛りがあるということを忘れていませんか？

B 電子機器に慣れていない高齢者には郵便投票のほうが利便性は高くていいなと思います。一方、先ほど電子投票についてもあった投票の秘密の侵害に加えて、締切の問題があると思いました。例えば発送が投票日当日で、届いたのが翌日だった場合、その票はどう扱うのか。ただ、そうはいっても利便性を高めていくためにはすごくいい案だと思いました。

E 郵便投票でも誰かに強制されることが想定されると思って、それを防ぐにはどうしたらいいのか考えていたのですが、いま話題にのぼっている電子投票も郵便投票も、どこからでも投票できる、というのが投票の秘密が侵害されることにつながっていると思いました。それなら秘密が確保される場所を用意したらいいんじゃないかと。

きちんと立ち合い人がいる投票会場だけれど、住所とは関係なくどの会場でも利用できるようにして、その場所に行ってスマートフォンで投票できるようにすればいいんじゃないでしょうか。電子投票なら住所地と投票会場を固定させる必要もないと思いますし、こうすることで投票の利便性を上げつつ投票の秘密も守れるのではないかと思いました。

㉔この意見の方が現実的ではありますが、「若年層」に限定された話ではないのでは？ ⑬で指摘したＥさん自身の分析を基に討論をしていれば、もっと的を射た議論になっていたのではないでしょうか。

電子投票を導入したほうが便利になって投票率も上がると思うんですけど課題がたくさんあるかなと思うので、段階的に導入していくのがいいと思います。

最初にＥさんが言っていたように、スマートフォンでQRコードを提示することで投票会場での本人確認を行うところから始めていくと、会場には本人が行かないといけないから不正は起きづらいかなと思いました。あともう１つ考えたのが、これもＥさんの話にもあったことなのですが、投票会場が住所によって細かく決められているのをどうにかできないかなと。私も１回投票会場でアルバイトしたことがあったんですけど、若い方が会場を間違えて来てしまい、「ここじゃないですよ」と言われてちょっと落ち込んで帰っていくという姿が何度か見受けられました。例えば同じ市区町村内だったらほかの会場でも投票できる工夫があってもいいかなと思いました。

㉕オンライン投票の利点は投票所に行く必要がないというものなのでは？　若年層はわざわざ投票所に行くのが面倒と感じているというのが議論の出発点だったと思いますが…。
以下の発言はこの誤りを前提にしたものなので、有効ではありません。

いまのＡさんの意見にかなり近いのですが、大学生とかだと遠くの地元から上京したりしていて、住民票の関係で帰らないと投票ができない、でも帰るのにお金がかかったり面倒だから投票しない、という人もいると思うんですよね。そういうことを考えると、さっきＥさんからあった、住所地と関係なく利用できる投票会場を作る案は、投票率を向上させ

る施策として適切だと思いました。

ふと思ったんですけれど、学校の授業の一環として投票を実際行うということができないかなと思いました。例えば高校３年生であれば投票に行ける年齢だったりするので、希望者のみか強制でやるかという問題はあると思いますが、「公民」のような社会科系の授業で、期日前投票という形で実際に投票してもらうことはできると思いました。

㉖あれれ？　今は投票の利便性の向上について論じているのではなかったですっけ？

いまＤさんからあった実際に投票を行う高校の取組みや、生徒会の選挙を国政選挙のように行う取組みをニュースで見たことがあります。高校で投票所を設けるっていうのは、もちろん利便性の面でもそうですし、多分このあとで話すことになると思いますけど意識の面でも政治に関心を持ついい機会だと思います。

㉗Cさん、意図的にかどうかはわかりませんが、救ってくれましたね。

高校を出て働き始める人もいると思うんですけど、仕事で忙しくて投票に行きづらいっていう人たちに何かいいアプローチがないかなと考えたんですが、期日前投票に行ったら半休を付与する制度を国として作るというのはどうでしょうか。

㉘仕事で忙しい⇒半休を付与するというのはインセンティブではないですか？

いまＢさんが言ってくれた、休みを導入するというのは非常にいいなと思います。お金がかかるわけでもないですし、半日であれば企業の生産態勢への影響というのも少ないと思いますし。

ありがとうございます。

選挙って投票日が日曜日であることが多いじゃないですか。日曜日に仕事してる方ってきっと日曜日が一番忙しいのかなって勝手に思っていて、なかなか休みを取りづらい。仕事が忙しくて投票に行けない方って休めない事情があったりするのかなと。

㉙このあたりの議論は、期日前投票制度の存在を無視した内容になっています。議論の実益はありませんね。

有給がとれなくても、例えば投票会場を増やす案がさっきあったと思うんですけど、職場近くに投票会場があるとお昼休みにでも行きやすくなるので、会場を増やすことで日曜日に忙しくても投票できるチャンスが広がるかなって思いました。

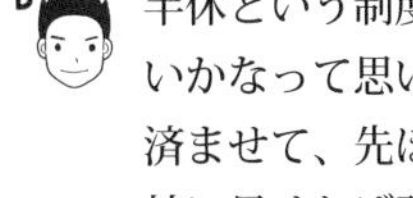

半休という制度を期日前投票のときに使えないかなって思いました。期日前投票を平日に済ませて、先ほど話に出ていた投票済証を会社に見せれば翌日休んでもいい制度というのは作れるかなと思いました。
（しばらく沈黙）

㉚議論に疲れてきたのでしょうか。この発言はよくわからないものとなっています。前の「休みを導入するのはいいな」との発言から、思いつきで言っちゃったのかもしれませんね。この後に、沈黙状態が生じたのは、この発言がきっかけかもしれません。

次は意識の問題にいきましょう。高校をはじめとして、学校での取組みが考えられると思います。選挙教育のようなものについて、何か意見があればお願いします。

D

Cさんが話してくれたように、子どもと親が一緒に投票に行くっていうのは僕自身考えてなかったんですけど、聞いていていいなと思ったんですね。ただ中高生が親と一緒に行くっていうと、抵抗を感じやすい年ごろなのかなって。小学生であれば、学校から親御さんに呼び掛けて「一緒にお子さん連れて行ってください」といったことはできるのかなと思いました。

㉛うまくCさんの個別意見を持ち出したのですが、なぜいいと考えたのか、すなわち子どもの頃に親に同伴して選挙に行くのがなぜ将来の投票行動につながるのかを分析して論じたいところでしたね。何歳くらいがよいのかなどという話は、深めても仕方がないものでしたね。

いま、家庭内教育の話が出たんですけど、学校教育のほうについて思うところがあります。
選挙については公民の授業で学ぶと思うんですけど、たぶん学問的に選挙を扱っていて、学んでいるほうは当事者意識を持ちづらいと思うんですね。18歳以上だと高校３年生だけになっちゃうので、下の学年に対しても模擬選挙をやってみたり、どうして選挙に行く必要があるのかを理解させるカリキュラムが組み込まれるといいと考えました。

㉜議論の根底にある社会課題まで掘り下げた深く突っ込んだ話が出てきましたよ！　ただ重要なのは、当事者意識をどのような施策でつけさせるかではなく、どのような当事者意識が必要かを論じてほしいところでしたね。

いまのＡさんの発言につながると思うんですけど、模擬選挙は海外でも行われていると聞いたことがあります。日本だと中立性を守るためなのか、あまり現実に存在する具体的な政党名などを出さずに学術的な政治の仕組みの話ばかりになってしまうと思うんですね。
でも例えば実際に自民党や公明党などの政党をきちんと紹介して、それぞれどういう政策を出していてどういう意見なのかっていうのをちゃんと子どもに教えたうえで模擬選挙をすると、より当事者意識が高まるし、その後も投票習慣につながりやすいのかなと思ったので、模擬選挙みたいな施策はいいなと思いました。

㉝当事者意識というのは、こういった教育の成果としてもつことができるものなのでしょうかね？　選挙の当事者の一方である立候補者にどのようなことをしてもらえば、若年層が選挙に関心を持つことができるのかに踏み込めそうです。

実際の政党について話をして自分で考えること、私も大事だと思いました。誰かが「この政党はこういう政策」といったことを言うと中立性が損なわれると思ったので、情報収集の方法とか、どうやって候補者を調べるのかとか、そういったことも含めて模擬選挙とかで扱ったら、より実践的な学習になると思いました。

㉞このあたりは、よい議論をしていると思いますよ。選挙とは本来どういうものなのかというところを探っているからであると思います。施策の細かいところではなく、こういった深いところを論じていくと、他のグループと差別化できるのではないかと思います。

投票に行くことによって生まれる価値を具体的に示すというのもいいかもしれません。正確には覚えていないんですが、「1票の価値が1万円」というような、投票することによって価値が生まれるという記事を見たことがあるので、そういったことを示したり、毎年国が作成している予算を有権者1人当たりの金額にして、「投票に行くとそれを決める権利を間接的に行使できる」っていうことを示してみたり。そういったことで実際に自分の1票が生かされていることをわかってもらうというのもいいと思いました。

（しばらく沈黙）

さっき、投票会場でアルバイトをさせる提案をしたんですが、それについて何か意見ありますか。

㉟ちょっと頭を使いすぎましたかね。でも、終了は近いですよ。みんな頑張れ！

アルバイトって年齢制限があるかわからないんですけど、個人的な感覚として中学生や高校1年生くらいの生徒たちに働きかけるのが一番大事だと思います。というのは、これから投票権を得ることを考えるなかで、「あ、投票しても無駄だ」と思われちゃったら多分もう投票しに行かないと思うんですよね。中学生のような、まだ投票権のない年齢のうちに、アルバイトなり投票会場でのボランティアなり、活動してもらうのがいいのではと思いました。

㊱もちろん、どの年齢層をアルバイトとするのかも大事ですが、そもそもアルバイトとして雇うことがどのようにして投票行動につながるのかをしっかりと考えてみたいですね。意識を育むというのであれば選挙権を持たない高校生あたりがターゲットなのかもしれませんね。でも、選挙に行くのが面倒と思う若年有権者に行動を変えてもらうというのであれば、そういった層がターゲットになるはずです。

多分ほとんどの自治体で投票会場でのアルバイトを募集してると思うんですけど、告知が足りてないところが多いと感じています。私自身も自分から積極的にアルバイトを探してたまたま見つけたという感じだったので。SNSのアカウントを作ってアピールしたり、学校の掲示板などで募集したり、もっと目に

㊲いやいや、若年有権者のアルバイトが少ないことが問題なのではないですからね。そもそも投票に関わるアルバイトはすべて若年層にするという方針を立てさえすれば、どのような方法を用いてその層を集めるかは自治体が考えてくれるはずです。

付くような場所でアルバイトを募集するのがいいかなと思いました。
（しばらく沈黙）

少し話は戻るんですけど、意識と利便性の両方に関わってくる話で。投票会場があるんじゃなくて、投票のための車が移動してそこで投票ができるっていうことをやっている自治体があるらしいです。おそらく田舎で投票会場まで足を運べない高齢者などの方々のために、会場自体が動いて投票してもらうということらしいんですが、例えば高校や大学を回ることもできるのかなと思いました。

㊳投票カー（神奈川県箱根町で実施）は、意識とは関わらないでしょう。利便性で論じるべきでしたね。

D

投票車もいい案だなと思います。市町村だけで運営するのが難しければ都道府県が主になって、いくつかの市を回ることで投票率を上げることはできると思いました。

投票車がすごくいいと思います。先ほど働いてる人の投票率について話したんですけれども、それとも関わってくるのかなと。投票車でぐるぐる回ってると行きやすいというか、働いている人も仕事の合間に行って投票しやすいのかなと思って。さっきも出た住所と投票会場の対応の面から課題はあるにしても、やっぱり意識・利便性の面では非常にいいと思いました。

利便性もそうですし、広告宣伝車みたいな感じで、走っているだけでも「あ、選挙だ」って意識に働きかけることにつながると思います。

㊴すでに投票日に関わるデモカーは実施されているので、あまり効果はないでしょうね。これはやはり利便性の問題ですよ。

投票車だと、走る区域を限定すれば住所と投票会場の対応に関する問題は生じないとは思うんですけど、それだとメリットが少し薄れてしまうと思います。より効率的に稼働させるための意見があれば教えていただきたいです。

選挙区ごとに別の候補者がいるわけですけど、例えばこの選挙区だったらこの候補者たち、別のところに行ったら今度はこの候補者たち、ということで、その人たちだけにしか投票できないように限定しちゃえばいい。例えば東京都にいるのに山口県の候補者には投票できないっていうシステムを作っておけばいいと思いました。

㊵これは横から聞いていて何を言っているのかわからない発言でした。選挙区制の選挙を敷いている限り当然のことのように思います。p.162で解説に上げた電子投票制度が実現すれば可能かもしれません。

Dさんが提案してくれたこと、すごくいいなと思います。ある程度広い区域を決めておいて、その範囲の選挙区だけ投票できるように準備をしておいて、それで投票券を確認して「あ、この人は東京第●区だからこの人たちの中から投票してもらおう」という形にしておけばいいと思いました。

㊶㊵で指摘したDさんの発言も含めて、自分の選挙区の候補者に関心が持てないということを言っているのかなとも考えました。それが若年層の低い投票率に影響しているというのであれば、それはそれで議論の余地がある問題ですが・・・。

いま、インセンティブと利便性と意識の問題それぞれについていろいろ議論してきたのですが、この３つのなかで特にこれが効果的だと思ったものはあるでしょうか。

㊷討論時間の終了が近づいてきたことから、機転の利いたよい誘導です。うまく議論を締めようとしていますね。

私自身はやっぱり利便性が一番大事だと思いました。若者が投票に行かないのはいろんな障害があるためだと思ったので。たぶんコストがかかるなど、デメリットが大きいとは思うんですけど、そこを克服できれば効果はあるのかなと思いました。皆さんはどうですか？

> ㊸議論の蒸し返しを防ぐという意味でも、論拠を明確にして結論を導いていこうとするのは有効な方法です。

Cさんの意見に賛同します。私の周りの話なので客観性を欠く部分があるんですけれども、投票所が遠くて行きづらい場所にあるせいで、面倒だから行かないという人が周りには何人かいたので、そうした障害を取り除くことによって投票率を上げることができると考えました。

> ㊹Cさんの発言に導かれて、なんとかグループの結論に至ることができました。ただ最後まで「若年層」という縛りを利かすことができなかったのは残念でした。

私も賛成です。やはり利便性が向上することで、「選挙ってこんな簡単なんだ、じゃあちょっと行ってみようかな」と思ってもらえたり、「自分の１票が政治に反映されるのって気持ちいいな」と別の意味でのインセンティブになったり、といった具合にどんどん変換されていくってことはあると思います。利便性を高める方法が電子投票なのか投票車なのかっていうのはそれから煮詰めていくことだと思いますが、大事なのかなとは思っています。

私も利便性の向上はすごく大事だなと思います。いまの討論でQRコードなどの電子的なツールを使う、投票所を増やす、などたくさんアイデアが出たと思うんですけど、地域の特徴に合わせて柔軟に対応していけば投票率もどんどん上がっていくのかなと考えました。

E 私も皆さんと同じように利便性を高めることで最も投票率を上げられると思います。まだ電子投票にはリスクやハードルがいろいろ残されているかもしれないのですが、Ａさんが言ってくれたたように段階的に取り組んだり地域ごとに柔軟に導入したりしていけば、少しずつ利便性が向上してより多くの人が投票できると思いました。

討論を終えての感想

A 武蔵野市役所の試験で実際に集団討論に参加したことがあり、そのときは「自治体が保有している体育館におけるごみの罰則をどうするか」について６人で討論しました。
今日の討論は選挙がテーマだったんですけど、個人的にあまり選挙に対する情報がなくて、みんなの話についていくのが大変でした。難しく感じたのですが何とか終えられてよかったです。

B 集団討論はもちろん、複数人で何かのディスカッションを行うような機会が全くの初めてだったので、とても緊張しました。
それもあって周囲の方に迷惑をかけてしまったのかなと…申し訳なかったと思っています。

C 私も経験がなく初めてだったので探り探りだったのですが、やっぱり最初から建設的に、枠組みを決めてから議論したほうがもう少し皆さんも意見を出しやすかったのかなと思いました。

D 八王子市役所の試験で集団討論があったのですが、そのときのテーマは「唐揚げという食べ物について、唐揚げを知らない人に説明する」という、一風変わったグループワークに近いものでした。
今日のテーマのように本格的な討論は未経験で、背景を考えながら話していくのは初めてだったので、難しくもあり面白かったです。

大学１年生のころに少しだけ参加する機会のあったディベートぐらいしか、複数人で討論するという経験がなくて、今回のように本格的な集団討論は初めてでした。
なんとか参加しなきゃっていうプレッシャーが結構強くて、とにかく発言してみようという感じでやってました。緊張しましたがよい経験になりました。

山ちゃんからのコメント

Ａさんは本試験で正統派の集団討論を経験した唯一の方でした。途中、㉜で「当事者」の議論の口火を切るなどよい働きはありました。ただ、発言回数が少なかったのが残念でした。

Ｂさんは集団討論が初体験だったということもあってか、何とか議論に加わろうとして、思いつきで発言をしていたという印象が残りました。やはり経験が必要ですね。

Ｃさんは討論の主軸を担う役割を果たしました。途中、みんなの流れに流されたりしましたが、最後にまとめていくなどメンバーの中では高い評価を得られるものでした。

Ｄさんはどちらかというと施策の細かな内容に関わる発言が多く、なかなか根本的なところに踏み込むことができませんでした。日頃から問題意識を高めておきたいところですね。

Ｅさんは個別の意見発表のところでよい分析を示してくれていました。これを活かした発言がほしいところでしたが、発言機会の少なさもあって、なかなか発揮できませんでした。この方の問題意識を明確に共有したうえで討論ができれば、もっとよい討論になったのではないかと思います。

▶山ちゃんCheck！

投票率の向上については、ずいぶん前から討論の論題として出題されてきました。そして、たぶんこれからも多くの試験で取り上げられそうなお題です。なにぶんにもこの低さが原因で、世界の民主主義指数では世界で21位（2020年　英エコノミスト紙調査部門「エコノミスト・インテリジェンス・ユニット」）なのですから。

さて、本問では「若年層の」投票率向上のための施策が論題として求められています。したがって、まずなぜ若年層の投票率が低いのかを明確にしなければなりません。原因が不明確なのに、それに対する施策が明確になるわけはありませんからね。

その上で、その原因を除去するために必要な施策を考えることになります。ここで肝心なのが、施策の細かなところまで踏み込まないこと、そしてその施策の問題点を追及しないことです。なぜなら、求められているのは若年層の投票率を上げることであり、施策の細かなところではないからです。こういった細かなところまで踏み込んでしまうのが、集団討論のあるあるなのです。

以上から、討論で重要になるのが、p.160の「秘伝」で書いた、どういった流れで討論をしていくかということなのです。「話の流れに任せて…」というのは、一見話しやすそうではあります。しかし、いったん流れを外してしまうと収拾がつかなくなります。

ですから、今回はCさんがしてくれたように、最初に設けられる10分の個別意見の検討の時間または討論前の検討時間（こちらは設けられないのが通常です）で、誰か一人でも「どういった流れで議論をするか」そして「時間配分をどうするか」を考えておくことが大事です。

もし、うっかりと流れが決まらないまま討論がスタートしたとしても、この意識さえあれば、途中でリカバリーも可能です。

本番では、以上のことに注意してもらえればと思います。

\山ちゃんの/ 「コア」が見つかる 面接相談室

その4 エピソードから自分の特性を抽出しよう！

面接試験を控えているのに対策が一向に進まない受験生。カウンセリングを通じて面接に必要な「コア」をいっしょに見つけるシリーズです。

今回は、前回の話に出てきた、目標を達成するための行動をもう少し詳しく振り返ってみよう。

はい、よろしくお願いします！

●いまのままでは物足りないが、どう変えたらいいのかわからない
　⇒　後輩たちと写真展をめぐってヒントを探した
●展示のテーマを設定して各部員の写真を合わせるのは難しい
　⇒　各部員の作品をテーマに合わせることは断念した
●来場者との対話を設けたい
　⇒　「そら」の写真で展示に参加してもらうことを考えた

ここから、過去のエピソードの分析視点の最後、❹取組みを通じてわかったことや、成長したと思えることについて考えよう。自分自身で自覚していることはあるかな？

それがよくわからなくて…。結局、部員の写真はいままでどおりだったので、「新しいことをした」というほどではなかったような気も…。

まあ、自分自身のことだからこそ見えにくいところはあるかもしれないね。例えば写真展をめぐった行動があったけど、そこからきちんとヒントを持ち帰れたわけだから、他者からいいところを採り入れるという姿勢や、そのための分析力があるといえるんじゃないかな。

そういわれてみれば、誰かを参考にするのは割と得意な気がします…！

それから、結果的に各部員の作品をテーマに合わせることは断念したわけだけど、これは大きな目標を達成するための妥協点を見つける作業だったともいえるんじゃないかな。

妥協点…？

公務員として実際に仕事をするようになった後のことをイメージしてみるといいと思うんだけど、新しい取組みにはどうしても摩擦が生じやすい。その新しい取組みによって恩恵を受ける人も割を食う人もいるからだね。そういう場合に利害を調整し、ちょうどいい妥協点を探ってそこに導いていくのは、公務員に求められる大事な資質だと思うよ。

なるほど、自分では気づきませんでした…。

例えば、他のメンバーが積極的にならないのに、押し切るような形で展示の内容を変更していたらどうなっていただろう？

まあ、決定権が私にあるわけではないですが、みんなの気持ちがバラバラになって、結果的に「部員も来場者も楽しめる展示」は実現できなかったと思います。

そうしないためには、周りの関係者の話もきちんと聞いて、それに配慮しながらものごとを進めていく心配りが必要なんだ。これらを含めて、このエピソードからうかがえる人物特性をできるだけ多く挙げてみよう。

●エピソードから汲み取れる人物特性

- 他者からいいところを採り入れる姿勢、分析力
- 後輩を気軽に誘える人当たりのよさ・面倒見
- 周りの希望に配慮しながらものごとを進めていける調整力
- 内外の関係者にとってより楽しい場を作りたい、と考える素朴な良心
- 簡単に答えが見つからない問題を投げ出さず、関係者の妥協点を見つけようとする知的体力

改めて言葉にして並べると、だいぶ話が大きくなってしまっているような気も…。

大事なのはここからだ。面接はアピールしたい「自分像」を面接官に手渡してくる場なんだ。いまエピソードを通じて検討した自分の特性のなかから、「どのような自分像を強みとしてアピールしたいか」を見定める必要がある。これが「コア」のうち、「❶自分の強み」になるからね。

うーん…（長考）。面接の短い時間でわかりやすく伝えられるように、ある程度絞ったほうがいいと思うのですが、「みんなが笑顔になれる解決策を見つけることについて、あきらめない」というのが、私の持ち味なのかな、という気がしてきました。

うん、一言で表したフレーズとしては、それでいいんじゃないかな。それについて面接で詳しく聞かれたら、いま話し合ってきたような、このフレーズを下支えしている要素を説明していけばいいんだ。じゃあ次回はがらっと変わって相手方、受験先での仕事に求められることを考えてみよう。

受験生への宿題

- ●過去の取組みから見つけられる、あなたの人物特性にはどのようなものがありますか？
- ●そのうち、あなたが面接の場で最も伝えたい「自分像」はどのようなものですか？

⇒255ページに続く！

第 4 章

山ちゃんの
官庁訪問の秘伝

Section 1

官庁訪問の流れと山ちゃんの秘伝

早めの官庁訪問で「内々定」を手に入れる！

まずは、官庁訪問についてみていきましょう。

右ページの図をご覧ください。国家公務員の採用は、①人事院が行う国家公務員採用試験に合格する、②各官庁が独自に実施する採用試験を突破する、という２段階方式になっています。

公務員として働くためには、①の人事院が行う公的な採用試験の合格がもちろん大前提ですが、合格したからといって希望の官庁に採用してもらえるとは限らないのです。①と並行して、②各官庁が独自に実施する選考が、「官庁訪問」と呼ばれる採用試験です。これを突破して「内々定」を手にした人が、初めてその官庁の「採用決定の形式的面接」を受けることができるのです。この面接は意向確認の場といえ、この段階で「内定」が出れば皆さんが公務員として働く場（官庁）が確定するわけです。

まず、内々定を手に入れるための官庁訪問の内容・スケジュールをしっかり確認していきましょう。

図のとおり、人事院の１次試験発表日に（2023年は７月５日９時から）訪問予約をとることから、公式な官庁訪問のプロセスがスタートします。でも実は、この「公式」とは別のスケジュールが存在するのです。現実には試験の最終合格発表前からスタートするのが「実際の官庁訪問」のスケジュールです。本書では、このスケジュール全体を指して官庁訪問と呼びます。

ポイントを３つのステップで説明しますので、しっかり理解してください。なお、地方支分部局（いわゆる出先機関）の官庁訪問はやや異なりますので、p.254で説明します。

■ 官庁訪問の３つのステップ

STEP 1 官庁独自の業務説明会への参加、パンフレット入手

STEP 2 合同業務説明会

STEP 3 訪問・面接

※官庁によって業務説明会の形態や予約方法、面接の回数・流れが違いますので、詳細は第４章２「官庁訪問データ」で確認してください。

■ 国家公務員一般職　採用の流れ

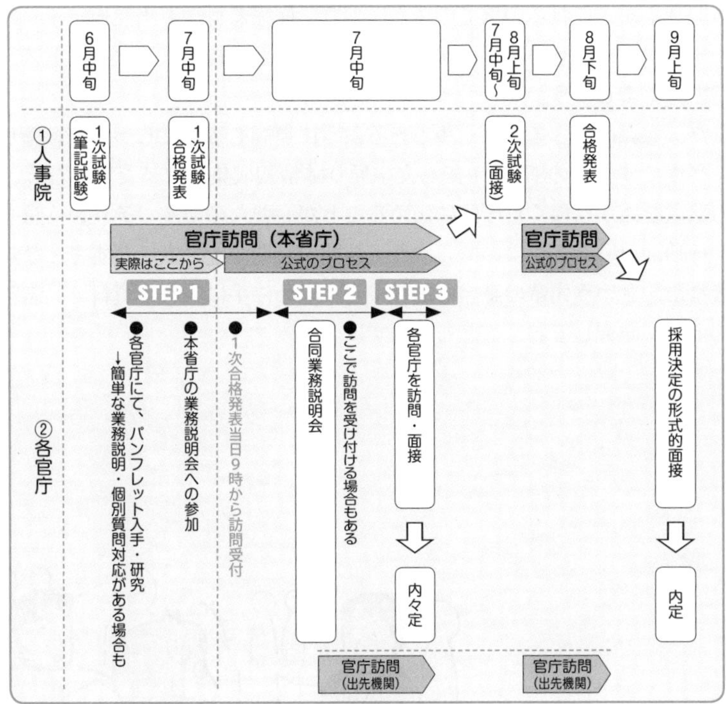

STEP 1　官庁独自の業務説明会への参加、パンフレット入手

- 早い者勝ちの世界、早め早めの行動で熱意を伝えましょう
- すでに選考されていると意識して、身だしなみや質問の準備は完璧に

本省庁では、この時期に業務説明会を行います。個別の接触は禁じられているものの、出席者をチェックしている官庁もあるのが現実です。

パンフレットは、1次試験が終わったらすぐに入手しておきましょう。Web上から簡単にダウンロードできるので、この入手方法が主流ですが、あえて各官庁の採用担当部署に資料を受け取りに行くという方法もアリです。すると、簡単な業務説明を受けられたり個別の質問対応をしてくれる官庁もあります。これらの場での皆さんの立ち居振る舞いも当然チェックされていますから、熱意を示すチャンス＝選考の場と心得て、リクルートスーツを着て行きましょう。

また、意識の高さをアピールできるように質問も事前にしっかり準備しておくべきです。このSTEP 1でも文字通り「情報収集」するだけでなく、自分の熱意をぬかりなく官庁側に伝えることが必要なのです。そういう意味でも、行動は早いほうがよいでしょう。訪問の時期が遅い人ほどずさんな対応をされた、という先輩の証言もあります。早めに手に入れた資料で、志望官庁を十分に研究しておくことも忘れずに。

STEP 2 合同業務説明会

- 情報収集の場としてだけでなく選考の場として準備は万全に
- 熱意や積極性をアピールできる質問を用意しましょう
- 官庁ごとに志望順位をつけておきましょう

官庁訪問のSTEP 2は、合同業務説明会への参加です。中央官庁が一堂に会して、業務内容を説明したり個別相談に応じたりする、いわば官庁版「就職フェア」といえるでしょう。

合同業務説明会は、対面の場合は一度に数十名に説明していくパターン（本省庁に多い）と2～10名程度のグループに分けて説明していくパターン（出先機関に多い）があります。なかには業務説明会に参加しない官庁もありますが、その場合でも同じ業務を行う官庁が参加していますので、そちらに出席して情報収集しましょう。

2023年は、対面、オンラインのいずれかの方式で地区ごとの状況に合わせた形式で実施されました。たとえば関東甲信越では、機関ごとに申込みをして、それぞれ45分ずつ、MAXで6つの機関の説明を視聴できるという形式でした。

前述のとおり合同業務説明会は「就職フェア」とはいえ官庁側の選考は始まっているので、説明を聞いているときの態度、質問の回数や内容には注意が必要です。官庁側は、業務説明会に出席したかどうかはもちろん、説明会での皆さんの意欲や積極性などもチェックしています。印象に残った志願者をあとで呼び出して面接することもあります。前述の少人数での説明会は、とくに人事担当者に顔を覚えてもらい熱意をアピールする絶好の機会ですから、心して準備しましょう。考えていた質問を他の志願者に先にいわれることもあるので、質問は複数用意しておくべきです。

また、官庁の志望順位はこの時点で明確にしておいたほうがよいでしょう。志望度の高い官庁の選考スケジュールを優先できるように、まずは第一志望の官庁をまわり、空いた時間にそれ以外の官庁を（できれば志望順に）まわるというのが効率的なやり方といえます。説明会が始まる10時頃は混み合いますので、開場時刻前には会場に到着して第一志望の官庁に一番乗りし、熱意を伝えたいところです。

STEP 3 **訪問・面接**

- 回答は練りに練って用意しましょう
- とくに志望理由は矛盾のないよう万全に
- 併願状況は必ず突っ込まれると考えましょう

前述のように、訪問の予約は、１次試験発表直後の受付で行われます。

訪問・面接は、事前に記入する「訪問カード」（「面接カード」と呼ぶケースもあります）をもとに進められます。訪問カードは面接当日に各官庁の控室で記入することが多いので、あらかじめ自分なりの“模範回答”を作っておき、当日はそれを書き写すようにしたほうがあわてずにすみます。

訪問カードの主な記入事項

- 志望理由
- 長所・短所
- 他官庁との併願状況
- 他試験（地方上級公務員試験など）との併願状況
- 大学時代のゼミ・卒業論文について
- 前職について（職歴がある場合）
- 民間企業との併願状況

この項目の中でもとくに官庁サイドが重視しているのは、他官庁・他試験との併願状況のようです。

面接を受ける官庁を第一志望と書くことは基本ですが、一方で併願状況や志望順位に少しでもあやふやな点があれば、鋭い突っ込みの洗礼を受けることになります。もちろん、この突っ込みは悪い突っ込み（受験生の不足を追及する突っ込み）ですから避けたいところです。業務がかけ離れている官庁を併願している場合の志望理由や、他の試験も受験し両方合格した場合に、国家公務員になろうと思う理由などは明らかに突っ込まれやすいパターンです。まずは志望理由を、併願状況との整合性をとりながらしっかり固めましょう。

面接は訪問カードをベースに進みますから、他の項目も、どんな突っ込みにあっても答えられるよう練りに練った回答を準備しておきましょう。

また、官庁訪問での面接には、人事課などの面接の他に、原課面接というものがあります。原課というのは、実際に政策を作っている現場の部局です（内閣府だけは、各省庁の総合調整を行うのが仕事なので、原課を持たない省庁です)。その原課面接では、その課で行っている政策についての説明・質疑を中心に、志望動機や自己PR、学生時代のことなどさまざまなことについて、面接というよりは面談の形式で聞かれていきます。ここでも、その受験生が「この官庁の職員としてふさわしいか」を見ています。相手の話を聞いて、キチンと答えるという「お話をする」際の基本点を守っていれば大丈夫です。

最終関門　**人事院による２次試験（面接）**

- 面接カードは簡潔に。しかし“エサ撒き”は必要
- 併願状況もあわせて志望動機は万全に

人事院による２次面接（人物試験）は、７月中旬から下旬にかけて実施されます。それまで官庁訪問が順調に進み、志望官庁から内々定を得ていたとしても、この試験をクリアしなければ正式な内定は得られません。**国家公務員になるための実質的な最終関門が、この人事院２次面接**といえるでしょう。

「人事院２次面接は不合格者を出すための試験じゃない」…etc. 人事院２次面接間近になると毎年、受験者の間でそんなウワサが流れます。たしかに１次試験合格者の多くがパスしていますが、一方で志望官庁から内々定をもらっていながら最終発表で不合格になり、泣く泣く辞退の電話を入れる羽目になった人も珍しくないのです。**２次面接を軽くみず、官庁訪問と同様に万全の備えで臨むべき**でしょう。

人事院２次面接は例年、面接官３人：受験者１人で行われます。面接は事前に作成して持参する面接カードに沿って進められます。自分に有利な話や自分らしさをアピールできる内容は、面接官に突っ込んでもらえるよう、目を引くような触りだけを書くなど“エサ撒き”をしたら、あえてくわしく書かなくてもよいでしょう。**面接カードは簡潔に、しかし面接官にそこを尋ねてもらえるよう誘導する**――これがポイントです。くわしくは、第２章で説明しています。

この期間（正確には２次試験終了１週間後まで）は、官庁訪問は禁止されます。しかし、地方の機関では、「個別説明会」と称して採用活動をやっている掟破りなところもチラホラあるようです。

官庁訪問で大切なこと

① ウワサに流されない

「あそこは現役しか採用しないらしい」「○○省ではもう採用を終わらせた」…最近はインターネット上の掲示板などでまことしやかにウワサ話が流れます。これらの、いわば裏の取れない情報にまどわされて右往左往してしまう受験生も多くみられます。自分で情報を確認するという行動を忘れないでください。

② 仲間との情報交換を密にする

自分で収集できる情報には限りがあります。官庁の業務説明会などで仲間を作って、信用できる情報の収集に役立てましょう。

③ 絶対にあきらめない

「後日こちらから連絡します」は、不採用確定でないことも少なからずあります。どうしても行きたい官庁であれば、最終合格発表後に再度面接のオファーをしてみるくらいの熱意を持ち続けましょう。また、まれにしかないことですが、夏が過ぎても再度官庁訪問を実施する官庁も存在します。夏の段階で諦めたりせず、意中の官庁については情報をフォローしておきたいところです。

ピンチ！ 複数官庁の面接がダブルブッキング…そんなときは？

本省庁では、多い人で内々定までに10回程度の面接をこなします。一日中拘束され、立て続けに面接を受けることも珍しくないのです。そして、そのスケジュールはあらかじめ明らかにされることがないので、他の官庁を訪問する予定がある時間に待機を申し渡されるという事態も起こりえます。いわゆるダブルブッキング、これがここぞというタイミングで起こるのが官庁訪問の常なのです。

万が一面接の時間が重なった場合、もう一方の官庁に面接時間の変更を申し出れば了承してくれることもあるでしょう。ただし、この場合「他の官庁を優先している」＝「第一志望ではない」という印象を与えることは免れません。かといって待機を申し渡されたときに、途中で抜け出せるかどうかを尋ねることも控えたほうが賢明です。こちらでも「退出を申し出る」＝「第一志望ではない」と捉えられます。「退出したら、今後の面接は一切受け付けないが、それでもいいのか？」と迫られた先輩もいたようです。

● 好感触かどうかを考量して、優先順位決定を

官庁訪問が大詰めを迎え、「内々定」に向けての最終面接に近づけば近づくほど、皆さんはこのようなシビアな二者択一を迫られることが多くなります。複数の官庁にチャレンジする人は、面接を受けたときの感触も含めて官庁ごとの優先順位を決めていってください。ダブルブッキングの場合、自分の志望順位と、官庁サイドの自分に対する評価を考量して選択していく必要があるのです。「こちらから連絡する」「他の官庁をまわってもかまいません」などといわれたら、とりあえずのところは不採用のサインであることが多いようです。見込みが薄い場合は、スパッと目標を切り替える割り切りのよさも大切です。もちろん、前述のように、どうしても諦め切れない場合には、後日のオファーをしてみましょう。

地方支分部局（出先機関）の官庁訪問

地方支分部局（出先機関）の官庁訪問は、合同業務説明会からスタートし、訪問・面接が行われます。**本省庁と違い、体系化できるようなステップやルールはありません。**スケジュールもさまざまで、人事院による面接試験のあとに、訪問・面接が行われる場合もあります。また、内々定も人事院による合格発表まで出されないケースもあります。

Section 2

官庁訪問データ

ここでは、2021～2023年に実施された国家一般職試験官庁訪問に挑んだTAC公務員講座受講生による情報提供を厳選し、内々定に至った受講生のデータを中心に、官庁別にそのステップを大公開します。その期間にデータのなかった機関については、以前のものを載せてあります。

一口に官庁訪問といっても、受験者への対応の仕方は官庁によって千差万別です。何回も足を運ばなければならない官庁、やたらと拘束時間の長い官庁、面接回数が多い官庁、そして質問内容も官庁によって差異がみられます。ここで紹介する事例から、志望官庁の官庁訪問の流れ、面接のスタイルなどの特徴をしっかりつかんでください。

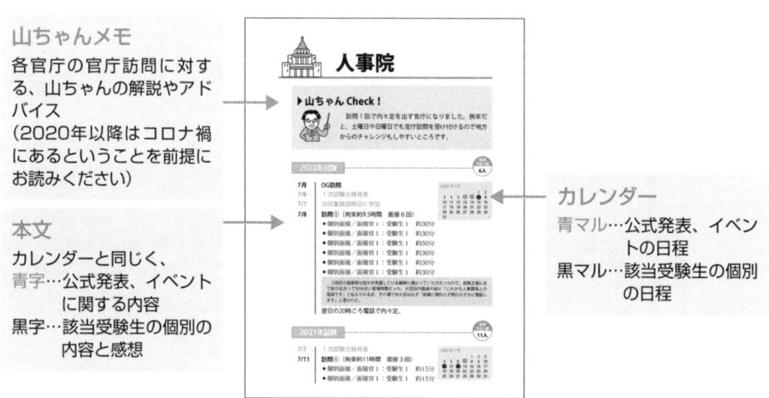
山ちゃんメモ
各官庁の官庁訪問に対する、山ちゃんの解説やアドバイス
(2020年以降はコロナ禍にあるということを前提にお読みください)
本文
カレンダーと同じく、
青字…公式発表、イベントに関する内容
黒字…該当受験生の個別の内容と感想
人事院
山ちゃん Check !
訪問１回で内々定を出す官庁になりました。例年だと、土曜日や日曜日でも官庁訪問を受け付けるので地方からのチャレンジもしやすいところです。
カレンダー
青マル…公式発表、イベントの日程
黒マル…該当受験生の個別の日程

※なお2020年以降のデータは感染症対策下のものであるため、個別面接がWeb上であったり、訪問時の控室でもソーシャルディスタンスが徹底されるなど特殊なものと考えてください。
※本事例は、基本的に内々定に至った人の中から最も代表的な事例として挙げられるものを、山ちゃんがチョイスしています。人によって、官庁訪問の内容、プロセスは異なりますので、ご了承ください。
※地方支分部局（出先機関）については、膨大な数となるため、総括したものを掲載しました。
※2023年試験日程では、７月12日～30日が２次試験でした。

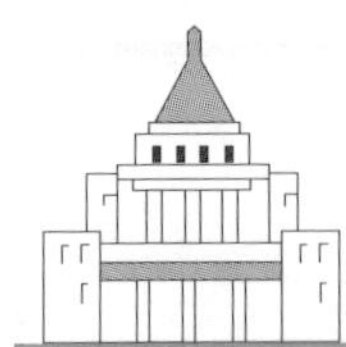

人事院

▶山ちゃん Check！

訪問１回で内々定を出す官庁になりました。例年だと、土曜日や日曜日でも官庁訪問を受け付けるので地方からのチャレンジもしやすいところです。

2022年試験

採用予定人数 6人

2022年7月

					1	2
3	4	5	6	7	8	9
10	11	12	13	14	15	16
17	18	19	20	21	22	23
24	25	26	27	28	29	30
31						

7月　**OG訪問**

7/6　１次試験合格発表

7/7　合同業務説明会に参加

7/8　**訪問①**（拘束約9.5時間　面接６回）

- 個別面接／面接官１：受験生１　約30分
- 個別面接／面接官１：受験生１　約30分
- 個別面接／面接官１：受験生１　約50分
- 個別面接／面接官１：受験生１　約30分
- 個別面接／面接官１：受験生１　約30分
- 個別面接／面接官１：受験生１　約30分

３回目の面接官は自分が希望している職務に携わっていた方だったので、政策立案にまで話が広がって50分近い面接時間だった。６回目の面接の前に「これから人事課長との面接です」と伝えられるが、その場で内々定は出ず「結果に関わらず明日の夕方に電話します」と言われた。

翌日の20時ごろ電話で内々定。

2021年試験

採用予定人数 11人

2021年7月

				1	2	3
4	5	6	7	8	9	10
11	12	13	14	15	16	17
18	19	20	21	22	23	24
25	26	27	28	29	30	31

7/7　１次試験合格発表

7/11　**訪問①**（拘束約11時間　面接３回）

- 個別面接／面接官１：受験生１　約15分
- 個別面接／面接官１：受験生１　約15分

●個別面接／面接官１：受験生１　約15分

この場で次回の訪問日時を指定される。

感染症対策のため待合室は少人数で分かれていたが、飲食など行動は自由だった。基本的には面接シートに沿った質問で、面接官がメモを書き込んだ面接シートがそのまま次の面接官に渡されるので、話の一貫性を意識した。

7/13　**訪問②**（拘束約８時間　面接６回）

●個別面接／面接官１：受験生１　約15分

●個別面接／面接官１：受験生１　約15分

●個別面接／面接官１：受験生１　約15分

●個別面接／面接官１：受験生１　約15分

●個別面接／面接官１：受験生１　約15分

●個別面接／面接官１：受験生１　約15分

６回目の面接は「これから人事課長と最後の面接です」と事前に伝えられ、和やかな雰囲気での雑談だった。

この日の19時ごろ電話で内々定。

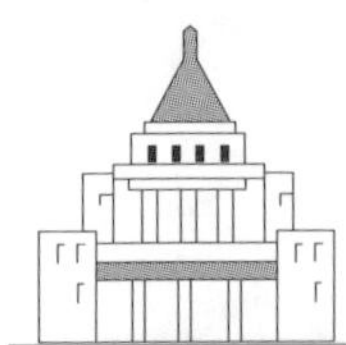

内閣府

▶山ちゃん Check！

訪問２回でほぼ内々定が出る官庁です。そのため拘束時間も長くなります。よって、ここも初日の訪問が原則となります。既卒者でもハンデにならない官庁の１つです。

2022年試験

採用予定人数 **34人**

2022年7月

日	月	火	水	木	金	土
					1	2
3	4	5	6	7	8	9
10	11	12	13	14	15	16
17	18	19	20	21	22	23
24	25	26	27	28	29	30
31						

7/6　１次試験合格発表

7/7　合同業務説明会に参加

7/8　**訪問①**（拘束約６時間　面接４回）

- 個別面接／面接官１：受験生１　約20分
- 個別面接／面接官１：受験生１　約20分
- 個別面接／面接官１：受験生１　約20分
- 個別面接／面接官１：受験生１　約15分

この日の夜に電話で次回の訪問日時を指定される。

広い講堂に設置された10個ほどのブースで同時に面接が行われていたので賑やかな雰囲気だった。面接官との間にアクリル板もあり大きな声ではっきり話すように心がけた。どの面接官も優しく話を引き出そうとしてくれていたが、逆質問の時間も必ずあったので事前に５つほど用意しておいたほうが安心。

7/9　**訪問②**（拘束約２時間　面接１回）

- 個別面接／面接官４：受験生１　約15分

この日の17時ごろ電話で内々定。

２日目は会議室での面接。前日のフランクな雰囲気と違って緊張感のある面接だったが、内々定の電話で「今日の面接も評価が高かった」と言われ、緊張していても焦らずはっきりと受け答えができれば大丈夫なのだと思った。

内閣府

2021年試験

採用予定人数 34人

2021年7月

				1	2	3
4	5	6	7	8	9	10
11	12	13	14	15	16	17
18	19	20	21	22	23	24
25	26	27	28	29	30	31

6月　独自の業務説明会に参加

7/7　１次試験合格発表

7/8　人事院主催業務説明会に参加

7/9　**訪問①**（拘束約6.5時間　オンライン面接４回）

- 個別面接／面接官１：受験生１　約20分
- 個別面接／面接官１：受験生１　約20分
- 個別面接／面接官１：受験生１　約20分
- 個別面接／面接官１：受験生１　約20分

この日の夜に電話で次回の訪問日時を指定される。

４回目の面接官は業務説明会で会っていて名前を覚えてもらっていた人だった。

7/12　**訪問②**（拘束約１時間　面接１回）

- 個別面接／面接官４：受験生１　約15分

この日の19時ごろ電話で内々定。

２日目は対面での面接。受験生６人だけだったので、待合室の雰囲気は和やかだった。

公正取引委員会

▶山ちゃん Check！

過去には、訪問開始後１週間たってはじめて訪問して内々定をもらった人もいた官庁ですが、第一志望であれば、やはり初日の訪問が原則です。

2022年試験

採用予定人数 26人

2022年7月

					1	2
3	4	5	6	7	8	9
10	11	12	13	14	15	16
17	18	19	20	21	22	23
24	25	26	27	28	29	30
31						

7/6 １次試験合格発表

7/9 **訪問①**（拘束約10時間　面接６回）

- 個別面接／面接官１：受験生１　約20分
- 個別面接／面接官１：受験生１　約20分
- 個別面接／面接官１：受験生１　約20分
- 個別面接／面接官１：受験生１　約10分
- 個別面接／面接官１：受験生１　約10分
- 個別面接／面接官１：受験生１　約10分

この場で次回の訪問日時を指定される。

待合室は大きな部屋だったが、感染予防のため他の受験生との会話は控えるように言われたので静かだった。最後の面接官は人事課の課長補佐の方で、その日の面接の丁寧なフィードバックと翌日に向けたアドバイスをもらえた。

7/10 **訪問②**（拘束約９時間　面接４回）

- 個別面接／面接官１：受験生１　約15分
- 個別面接／面接官１：受験生１　約20分
- 個別面接／面接官１：受験生１　約25分
- 個別面接／面接官１：受験生１　約10分

この場で次回の訪問日時を指定される。

最後の面接官は１日目と同じ人事課の方で「高く評価しているので管理職面接に来てほしい」と言われる。併願状況や迷っていることも正直に伝えると、公正取引委員会の魅力をたくさん話してくれたうえで併願先の面接と重ならないように日程調整もしてもらえた。

7/12 **訪問**③（拘束約２時間　面接１回）
●個別面接／面接官１：受験生１　約20分
この日の15時ごろ電話で内々定。

公正取引委員会

警察庁

▶山ちゃん Check！

非常に面接が厳しいと評判の官庁です。拘束期間も長く、じっくりと時間をかけて選考が進められます。説明会に頻繁に足を運んで人事とのつながりをしっかりと作っておきたいですね。

2021年試験

採用予定人数 12人

2021年7月

				1	2	3
4	5	6	7	8	9	10
11	12	13	14	15	16	17
18	19	20	21	22	23	24
25	26	27	28	29	30	31

7/7 1次試験合格発表

7/9 **訪問①**（拘束約２時間　オンライン面接２回）

- 個別面接／面接官１：受験生１　約15分
- 個別面接／面接官１：受験生１　約15分

この日の夜メールと電話で次回の訪問日時を指定される。

> 官庁訪問はエントリーシートを添付してメールで申し込み。Zoomによる面接の指示が返信されてきた。

7/10 **訪問②**（拘束約７時間　面接２回）

- 個別面接／面接官１：受験生１　約20分
- 個別面接／面接官１：受験生１　約20分

この日の20時ごろメールと電話で次回の訪問日時を指定される。

> 面接カードに記入後、大きな講堂で待機していると順番がきた受験生から面接室に案内される形式。待機時間中は案内担当の職員の方に話を聞くこともできるようだったが、受験生が20～30人いるなかで職員に声をかけに行く勇気を出せずパンフレットや警察白書を読んで過ごしていた。

7/11 **訪問③**（拘束約８時間　面接３回）

- 個別面接／面接官１：受験生１　約20分
- 個別面接／面接官１：受験生１　約20分
- 個別面接／面接官１：受験生１　約20分

この日の21時ごろ電話で次回の訪問日時を指定される。

朝は前日と同じ講堂で待機だったが２回目の面接終了後に待機場所が小さい会議室になり、通過できたとひと安心。受験生の数も減るので、待機中に職員の方からの話も聞きやすくなった。

7/12 **訪問④**（拘束約９時間　面接４回）

- 個別面接／面接官１：受験生１　約20分
- 個別面接／面接官１：受験生１　約20分
- 個別面接／面接官１：受験生１　約20分
- 個別面接／面接官１：受験生１　約20分

この日の22時ごろ電話で次回の訪問日時を指定される。

日を追うごとに深く掘り下げられる面接となってくる。「今日の待機時間中、職員から何か話を聞いたか。それについて何を考えたか」と質問されるので、待機中に職員から情報収集することが大前提なのだとわかる。また、受験生同士で話をしたかどうか、その印象なども聞かれるので「同期」になるかもしれない受験生同士のコミュニケーションも見られていると思った。

7/13 **訪問⑤**（拘束約８時間　面接５回）

- 個別面接／面接官１：受験生１　約20分
- 個別面接／面接官１：受験生１　約20分
- 集団面接／面接官１：受験生３　約20分
- 集団面接／面接官１：受験生３　約20分
- 個別面接／面接官１：受験生１　約10分

この日の最後の面接で不採用を告げられる。

１、２回目は以前と同じ面接官であったため、それまでに自分が新たに情報収集し思考を深めて前回の面接よりも成長した部分を見せることが求められていると感じた。集団面接は課長クラスの職員から担当分野の説明をされ、それに対して受験生がそれぞれ質問するもので、選考に関与しないとは言われた。

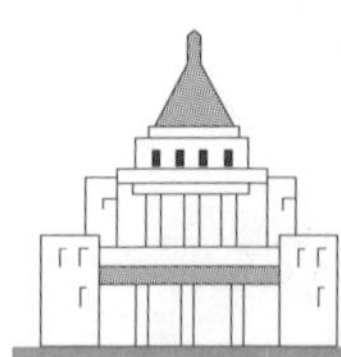

金融庁

▶山ちゃん Check！

かつては「霞ヶ関一激務」といわれたのも今は昔、森元長官による働き方改革でホワイト官庁となり、これから人気が出てきそうな官庁です。金融知識は不要ですが、「フィンテック」などの新しい時代に向かう強いやる気を示せるようにしたいですね。

2023年試験

採用予定人数 25人

2023年7月						
						1
2	3	4	⑤	⑥	❼	8
9	❿	11	12	13	14	15
16	17	18	19	20	21	22
23	24	25	26	27	28	29
30	31					

7/5　１次試験合格発表

7/6　オンラインでの合同業務説明会に参加

7/7　**訪問①**（拘束約10.5時間　面接５回）

- 個別面接／面接官１：受験生１　約５分
- 個別面接／面接官１：受験生１　約20分
- 個別面接／面接官１：受験生１　約30分
- 個別面接／面接官１：受験生１　約45分
- 個別面接／面接官１：受験生１　約５分

この場で次回の訪問を求められ、集合時刻は後日メールで指定される。

待合室では４人掛けテーブルに座り、スマホや会話は自由だった。待ち時間は長かったが職員が各テーブルをまわって質問に答えてくれる時間もあった。３回目の面接官は説明会で話したことのある職員で、顔を覚えてくれていた。ほかの面接も和やかな雰囲気で、４回目は原課面接。

7/10　**訪問②**（拘束約9.5時間　面接３回）

- 個別面接／面接官１：受験生１　約５分
- 個別面接／面接官１：受験生１　約25分
- 個別面接／面接官１：受験生１　約10分

この場で内々定。

　２回目の面接が今までになく厳しい雰囲気で、志望動機や志望順位について深く聞かれた。３回目の面接で「是非あなたと一緒に働いてみたい」と言われ、次に呼ばれたのは内々定者が集められる部屋だった。その後職員との座談会、記念撮影、連絡先の交換などをして終了。

2022年試験

2022年７月

					1	2
3	4	5	6	7	8	9
10	11	12	13	14	15	16
17	18	19	20	21	22	23
24	25	26	27	28	29	30
31						

7/6　１次試験合格発表

7/7　オンラインでの合同業務説明会に参加

7/8　**訪問①**（拘束約11時間　面接５回）

- 個別面接／面接官１：受験生１　約10分
- 個別面接／面接官１：受験生１　約40分
- 個別面接／面接官１：受験生１　約30分
- 個別面接／面接官１：受験生１　約50分
- 個別面接／面接官１：受験生１　約５分

この場で次回の訪問日時を指定される。

　３回目の面接は原課面接。テレワーク中の職員と面接するかもしれないからとPCの持参を求められたが、自分を含め使った人はいなかった模様。貸してもらうことも可能とのことだったので、持って行かなかった。最後の面接で「２日目に来てくれるなら安心していい」と言われる。

7/11　**訪問②**（拘束約９時間　面接１回）

- 個別面接／面接官１：受験生１　約５分

この場で内々定。

　併願状況など簡単な確認のほか、「今日も１回は原課面接ができたらいいですね」と言われたので次も面接があると思っていたら、そのまま内々定者用の部屋に通された。若手職員が来て仕事の話をしてくれたり、午後にかけて増えてくる他の内々定者と話したり、その部屋で７時間ほど過ごす。最後に書類を書いて写真を撮って終了。

2021年試験

採用予定人数 30人

2021年７月

				1	2	3
4	5	6	7	8	9	10
11	12	13	14	15	16	17
18	19	20	21	22	23	24
25	26	27	28	29	30	31

7/7　１次試験合格発表

7/8　人事院主催業務説明会に参加

7/9　**訪問①**（拘束約6.5時間　オンライン面接３回）

- 個別面接／面接官１：受験生１　約５分
- 個別面接／面接官１：受験生１　約30分
- 個別面接／面接官１：受験生１　約30分

最後の面接から１時間後に電話で次回の訪問日時を指定される。

午前中は人事職員との簡単な面接が１回あっただけで、11時30分ごろ昼休憩に入ってくださいという指示があった。３回目の面接官は訪問カードに興味のある分野として書いた職種の方で、実際の仕事の話を多く聞くことができた。全体的にこちらから質問する機会が多いので、質問を多めに準備しておくといいと感じた。

7/13 訪問②（拘束約８時間　面接２回）

- 個別面接／面接官１：受験生１　約30分
- 個別面接／面接官１：受験生１　約30分

この場で内々定。

２回目の面接終了後１時間30分ほどたってから別室に通されて待機。さらに３時間ほど待たされて18時ごろに内々定と言われる。

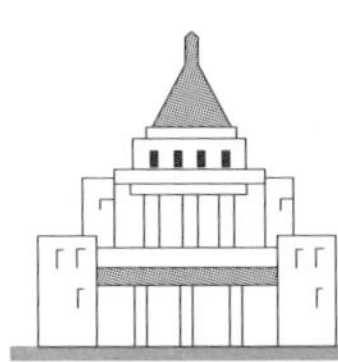

総務省

▶山ちゃん Check！

拘束時間が長く、何度も面接をする官庁です。原課面接での応答が勝負とされています。自治行政では途中で現役と既卒に分けられることもあり、現役のほうがやや内々定をもらいやすい官庁です。行政評価系では、対面での集団面接や集団討論が課されることもあります。統計系は本省とは別の場所（新宿区若松町）に所在します。

採用予定人数（総務省全体）

2023年試験 地方自治系

2023年7月

						1
2	3	4	5	6	7	8
9	10	11	12	13	14	15
16	17	18	19	20	21	22
23	24	25	26	27	28	29
30	31					

7/5　１次試験合格発表

7/6　合同業務説明会に参加

7/7　**訪問①**（拘束約11時間　面接４回）

- 集団面接／面接官２：受験生５　約20分
- 個別面接／面接官１：受験生１　約20分
- 個別面接／面接官１：受験生１　約20分
- 個別面接／面接官１：受験生１　約20分

この場で次回の訪問日時を指定される。

２～４回目は業務説明と簡単な質問をされる原課面接。様々な業務の話を聞くことができた。自分の感想や疑問は積極的に発言して「一緒に仕事をしたい」と思ってもらえるようなコミュニケーションになるよう意識した。

7/8　**訪問②**（拘束約5.5時間　面接３回）

- 個別面接／面接官２：受験生１　約20分
- 個別面接／面接官１：受験生１　約20分

●個別面接／面接官１：受験生１　約20分

この場で次回の訪問日時を指定される。

この日はすべて会議室に通されてのしっかりした面接。最後の面接で併願状況を確認されたとき「他は受けなくていいかもね」と言われる。

7/9　**訪問③**（拘束約５時間　面接２回）

●個別面接／面接官１：受験生１　約20分

●個別面接／面接官１：受験生１　約20分

この場で内々定。

はじめは原課面接、次の面接で３日間の面接のフィードバックを受けた。その後待合室でその場にいる受験生全員に内々定が告げられる。

2022年試験 地方自治系

7/6　１次試験合格発表

7/9　**訪問①**（拘束約8.5時間　面接６回）

●集団面接／面接官２：受験生５　約20分

●個別面接／面接官１：受験生１　約20分

●個別面接／面接官１：受験生１　約20分

●個別面接／面接官１：受験生１　約20分

●個別面接／面接官２：受験生１　約20分

●個別面接／面接官１：受験生１　約20分

この場で次回の訪問日時を指定される。

2022年7月

					1	2
3	4	5	6	7	8	9
10	11	12	13	14	15	16
17	18	19	20	21	22	23
24	25	26	27	28	29	30
31						

２～４回目は業務説明と簡単な質問をされる原課面接。業務説明が大半なので面接されている感じはしなかったが、仕事への熱意が伝わってくる説明もあり、笑顔で相槌をうち積極的に質問して「一緒に働きたい」と思ってもらえるように頑張った。

7/10　**訪問②**（拘束約５時間　面接２回）

●個別面接／面接官１：受験生１　約20分

●個別面接／面接官１：受験生１　約20分

この場で内々定。

最後の面接から１時間ほど待たされたので不安になったが、個別に呼ばれて人事の方から内々定を告げられた。

2021年試験 地方自治系

2021年7月						
				1	2	3
4	5	6	7	8	9	10
11	12	13	14	15	16	17
18	19	20	21	22	23	24
25	26	27	28	29	30	31

6月 独自の業務説明会に参加

7/7 1次試験合格発表

7/8 人事院主催業務説明会に参加

オンラインで計6回、すべて違う職員による話だった。官庁訪問についての詳しい説明があり、質疑応答もできた。

7/9 訪問①（拘束約10時間　オンライン面接5回）

- 集団面接／面接官2：受験生4　約10分
- 個別面接／面接官1：受験生1　約20分
- 個別面接／面接官1：受験生1　約25分
- 個別面接／面接官1：受験生1　約20分
- 個別面接／面接官2：受験生1　約15分

この日の20時ごろ電話とメールで次回の訪問日時を指定される。

面接時間の30分ほど前に電話がかかってくるので、電話を手離すことはできなかった。はじめの集団面接は訪問番号の早い人から順番に話を振られているようだった。2～4回目の面接は原課面接。

7/10 訪問②（拘束約5時間　面接2回）

- 個別面接／面接官1：受験生1　約20分
- 個別面接／面接官1：受験生1　約20分

この場で次回の訪問日時を指定される。

2日目以降は本省での対面面接。地下ホールに椅子が間隔をあけて置かれていたので、周りの受験生と話すことは難しかった。2回目の面接はこれまでで一番役職の高い面接官だったが「リラックスして話してほしい」と言われ、採用を前提にした意思確認がされた。官庁訪問の申し込みが早かったことで志望度の高さが伝わった感触もあった。

7/11 訪問③（拘束約1時間　面接1回）

- 個別面接／面接官1：受験生1　約20分

この場で内々定。

採用担当の方との面接で「これで面接は最後」と告げられる。「評価が高かったのでぜひ一緒に働きたい」と言われ誓約書に記入、先方の名刺を頂く。

2023年試験 情報通信系

2023年7月

						1
2	3	4	5	6	7	8
9	10	11	12	13	14	15
16	17	18	19	20	21	22
23	24	25	26	27	28	29
30	31					

7/5　1次試験合格発表

7/6　合同業務説明会に参加

7/8　**訪問①**（拘束約8.5時間　面接8回）

- 個別面接／面接官1：受験生1　約30分
- 個別面接／面接官1：受験生1　約30分
- 個別面接／面接官1：受験生1　約30分
- 個別面接／面接官1：受験生1　約30分
- 個別面接／面接官1：受験生1　約30分
- 個別面接／面接官1：受験生1　約30分
- 個別面接／面接官1：受験生1　約30分
- 個別面接／面接官1：受験生1　約30分

この日の夜電話で次回の訪問日時を指定される。

4回目の面接は個室に案内され、そこにあるPCを使ったオンライン面接。夜21時半ごろかかってきた電話では「明日来てくれたら良い結果がお伝えできます」と言われる。

7/9　**訪問②**（拘束約3時間　面接1回）

- 個別面接／面接官1：受験生1　約5分

この場で内々定。

会議室に14名の受験生が集まり、親睦を深めるように言われる。その間に1人ずつ呼ばれ、最終意向確認ののち内々定。

2022年試験 情報通信系

2022年7月

					1	2
3	4	5	6	7	8	9
10	11	12	13	14	15	16
17	18	19	20	21	22	23
24	25	26	27	28	29	30
31						

7/6　1次試験合格発表

7/7　合同業務説明会に参加

7/9　**訪問①**（拘束約9時間　面接7回）

- 個別面接／面接官1：受験生1　約30分
- 個別面接／面接官1：受験生1　約30分
- 個別面接／面接官1：受験生1　約30分
- 個別面接／面接官1：受験生1　約30分
- 個別面接／面接官1：受験生1　約30分

- 個別面接／面接官１：受験生１　約20分
- 個別面接／面接官１：受験生１　約20分

この日の夜22時半ごろ電話で次回の訪問日時を指定される。

４回目の面接は個室に案内され、そこにあるPCを使ったオンライン面接。それまでは職務室での面接、５回目以降は会議室での面接だった。

7/10　**訪問②（拘束約2.5時間　面接１回）**

- 個別面接／面接官１：受験生１　約５分

この場で内々定。

会議室に14名の受験生が集まり、交流を深めるように言われる。その間に１人ずつ呼ばれ、最終意向確認ののち内々定。

2021年試験 情報通信系

7/7　１次試験合格発表

8/10　**訪問①（拘束約10時間　面接６回）**

- 個別面接／面接官１：受験生１　約40分
- 個別面接／面接官１：受験生１　約40分
- 個別面接／面接官１：受験生１　約30分
- 個別面接／面接官１：受験生１　約30分
- 個別面接／面接官１：受験生１　約20分
- 個別面接／面接官１：受験生１　約30分

この日の夜電話で次回の訪問日時を指定される。

2021年7月

				1	2	3
4	5	6	7	8	9	10
11	12	13	14	15	16	17
18	19	20	21	22	23	24
25	26	27	28	29	30	31

2021年8月

1	2	3	4	5	6	7
8	9	10	11	12	13	14
15	16	17	18	19	20	21
22	23	24	25	26	27	28
29	30	31				

７月の官庁訪問ではどこからも内々定をもらえなかったが、Twitterで総務省の第２期官庁訪問を知った。２回目の面接でこちらから質問できる時間が長く、仕事の内容をかなり詳しく話してもらえたので説明会に参加していなかった自分にとっては有意義だった。人によって面接の回数や解散時刻は違うようだった。

8/11　**訪問②（拘束約９時間　面接４回）**

- 個別面接／面接官１：受験生１　約30分
- 個別面接／面接官１：受験生１　約30分
- 個別面接／面接官１：受験生１　約30分
- 個別面接／面接官２：受験生１　約10分

この場で内々定。

最後の面接で人事の方から内々定を告げられる。

2022年試験
行政評価系

7/6　１次試験合格発表

2022年7月

					1	2
3	4	5	6	7	8	9
10	11	12	13	14	15	16
17	18	19	20	21	22	23
24	25	26	27	28	29	30
31						

7/8　**訪問①**（拘束約７時間　面接５回）

- 個別面接／面接官１：受験生１　約20分
- 個別面接／面接官１：受験生１　約20分
- 個別面接／面接官１：受験生１　約20分
- 個別面接／面接官１：受験生１　約20分
- 個別面接／面接官１：受験生１　約20分

この日の夜に電話で次回の訪問日時を指定される。

　待合室は隣の人と少し距離をとられていたので、基本的に静かな雰囲気。

7/9　**訪問②**（拘束約９時間　面接４回）

- 個別面接／面接官１：受験生１　約20分
- 個別面接／面接官１：受験生１　約20分
- 個別面接／面接官１：受験生１　約20分
- 個別面接／面接官１：受験生１　約20分

この場で次回の訪問日時を指定される。

　最後の面接官は初日の最後の面接と同じ方で、「高く評価されているので、明日も来てもらいたい」と言われる。

7/10　**訪問③**（拘束約４時間　面接２回）

- 個別面接／面接官１：受験生１　約20分
- 個別面接／面接官１：受験生１　約20分

この場で内々定。

2021年試験
行政評価系

7/7　１次試験合格発表

7/8　人事院主催業務説明会に参加

　Skypeを使ったオンライン形式の説明会。

2021年7月

				1	2	3
4	5	6	7	8	9	10
11	12	13	14	15	16	17
18	19	20	21	22	23	24
25	26	27	28	29	30	31

7/9　**訪問①**（拘束約8.5時間　オンライン面接３回）

- 個別面接／面接官１：受験生１　約20分

●個別面接／面接官１：受験生１　約20分
●個別面接／面接官１：受験生１　約20分
この日の夜に電話で次回の訪問日時を指定される。

オンライン面接は開始10分前に電話がかかってきて時間が知らされ、メールで指定されたURLにアクセスするという流れだった。

7/10 訪問②（拘束約10時間　面接４回）
●個別面接／面接官１：受験生１　約25分
●個別面接／面接官１：受験生１　約30分
●個別面接／面接官１：受験生１　約25分
●個別面接／面接官１：受験生１　約30分
この場で次回の訪問日時を指定される。

２日目以降は本省での対面面接。呼ばれたら待機場所から各自で面接場所に向かうという形式だった。

7/11 訪問③（拘束約7.5時間　面接４回）
●個別面接／面接官１：受験生１　約30分
●個別面接／面接官１：受験生１　約30分
●個別面接／面接官１：受験生１　約30分
●個別面接／面接官１：受験生１　約20分
この場で内々定。

４回目の面接は部屋に入った段階から「少しお話をするだけだから楽にしてください」と言われ雑談。最後に「ぜひ総務省に来ていただきたい」と言われた。

2022年試験 統計系

2022年７月

					1	2
3	4	5	6	7	8	9
10	11	12	13	14	15	16
17	18	19	20	21	22	23
24	25	26	27	28	29	30
31						

7/6 １次試験合格発表
7/7 合同業務説明会に参加
7/8 訪問①（拘束約８時間　面接５回）
●個別面接／面接官１：受験生１　約15分
●個別面接／面接官１：受験生１　約20分
●個別面接／面接官１：受験生１　約20分
●個別面接／面接官１：受験生１　約20分
●個別面接／面接官１：受験生１　約25分
この場で次回の訪問日時を指定される。

講堂のようなところでの待機時間中は、受験生同士で話すことはほとんどなく静かな雰囲気。パンフレットや面接カードを見返している人が多く、スマートフォンを見ている人は少数だった。

7/9 **訪問②** （拘束約4.5時間　面接３回）

- 個別面接／面接官１：受験生１　約30分
- 個別面接／面接官１：受験生１　約25分
- 個別面接／面接官１：受験生１　約20分

この場で次回の訪問日時を指定される。

7/10 **訪問③**（拘束約８時間　面接６回）

- 個別面接／面接官１：受験生１　約25分
- 個別面接／面接官１：受験生１　約25分
- 個別面接／面接官１：受験生１　約15分
- 個別面接／面接官１：受験生１　約15分
- 個別面接／面接官１：受験生１　約15分
- 個別面接／面接官１：受験生１　約15分

この場で内々定。

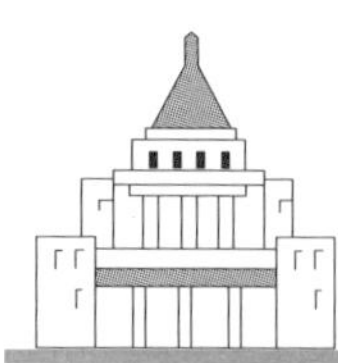

財務省

▶山ちゃん Check！

毎年、国家一般職の行政職試験からは数名しか採用しない官庁なので、これまで内定者のデータがありませんでしたが、以前のゆったりとした日程から、他の省庁と同様の集中型日程になっているようです。ここも初日訪問が鉄則ですね。

2022年試験

採用予定人数 **15人**

2022年7月						
					1	2
3	4	5	6	7	8	9
10	11	12	13	14	15	16
17	18	19	20	21	22	23
24	25	26	27	28	29	30
31						

〜7月　独自の説明会に複数回参加

7/6　１次試験合格発表

7/8　**訪問①**（拘束約８時間　面接６回）

- 個別面接／面接官１：受験生１　約20分
- 個別面接／面接官１：受験生１　約20分
- 個別面接／面接官１：受験生１　約20分
- 個別面接／面接官１：受験生１　約20分
- 個別面接／面接官１：受験生１　約20分
- 個別面接／面接官１：受験生１　約20分

この日の夜に電話で次回の訪問日時を指定される。

大部屋で40人ほどの受験生が１つの大きな机を囲んで座って待つ方式。待ち時間は周囲の受験生と情報交換などして和やかな雰囲気だった。事前の説明会にオンラインも含めて積極的に参加していたら、人事は参加回数を正確に把握し評価してくれていた。

7/9　**訪問②**（拘束約８時間　面接３回）

- 個別面接／面接官１：受験生１　約20分
- 個別面接／面接官１：受験生１　約20分
- 個別面接／面接官１：受験生１　約20分

この場で内々定。

この日の面接は深堀りされることが多く、とくに２回目は圧を感じ不安になった。最後は人事の責任者の方と意向確認のような面接だった。

2021年試験

採用予定人数 15人

2021年7月

				1	2	3
4	5	6	7	8	9	10
11	12	13	14	15	16	17
18	19	20	21	22	23	24
25	26	27	28	29	30	31

～6月 独自の説明会や座談会に複数回参加

7/7 １次試験合格発表

7/9 **訪問①（拘束約６時間　面接３回）**

- 個別面接／面接官１：受験生１　約30分
- 個別面接／面接官１：受験生１　約30分
- 個別面接／面接官１：受験生１　約40分

この場で次回の訪問日時を指定される。

> 大きな会議室で45名ほどの受験生が待機して、順番がきたら呼ばれて面接に向かうという形式。面接の合間に人事職員との面談があり、これまでの説明会への参加回数が多い人から順に呼ばれていたようなので、説明会参加で熱意を示す重要性を感じた。

7/10 **訪問②（拘束約11時間　面接４回）**

- 個別面接／面接官１：受験生１　約20分
- 個別面接／面接官１：受験生１　約30分
- 個別面接／面接官１：受験生１　約30分
- 個別面接／面接官１：受験生１　約20分

この場で内々定。

> ２回目の面接以降は訪問ノートを見ずに質問される時間が増えた。４回目の面接は応接室に通され「今から最終面接です」と言われた。終了後２時間ほど待ってから内々定。

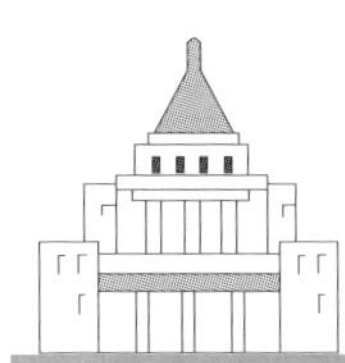

文部科学省

▶山ちゃん Check！

集団面接という予選が数回課されて、最後の個別面接に進みます。ここ２年は実施されてはいませんが、以前は集団討論も課されていました。それぞれの準備が必要です。

2023年試験

採用予定人数 **20人**

2023年7月

						1
2	3	4	5	6	7	8
9	10	11	12	13	14	15
16	17	18	19	20	21	22
23	24	25	26	27	28	29
30	31					

7/5　１次試験合格発表

7/6　合同業務説明会に参加

簡単な業務説明と、受験生10人程度のグループに分かれて懇談会。

7/7　**訪問①**（拘束約７時間　面接３回）

- 集団面接／面接官２：受験生３　約30分
- 集団面接／面接官２：受験生３　約25分
- 個別面接／面接官１：受験生１　約５分

この場で次回の訪問日時を指定される。

官庁訪問初日は対面とオンラインの選択肢があり、対面で訪問していたのは150人くらいだった。控室では６～８人掛けのテーブルに座り、給水やトイレの出入りも自由で和気あいあいとおしゃべりしていた。２回目の集団面接は「カラオケに行ったら何番目に歌うか」など変わった質問を挙手制で答えるもので、手ごたえは感じられなかった。

7/8　**訪問②**（拘束約13時間　面接２回）

- 個別面接／面接官１：受験生１　約10分
- 個別面接／面接官１：受験生１　約５分

この場で内々定。

最後の面接で「高い評価をさせていただいた」と言われ、内々定。この後7/10に内々定者が集まって面談と若手職員との懇談会もあった。

2022年試験

採用予定人数 24人

2022年7月

					1	2
3	4	5	6	7	8	9
10	11	12	13	14	15	16
17	18	19	20	21	22	23
24	25	26	27	28	29	30
31						

7/6　1次試験合格発表

7/7　合同業務説明会に参加

説明会というより職員との懇談会。官庁訪問の簡単なスケジュールも教えてもらった。

7/8　**訪問①**（拘束約８時間　面接２回）

- 集団面接／面接官２：受験生３　約30分
- 集団面接／面接官２：受験生３　約30分

この日の夜に電話で次回の訪問日時を指定される。

7/9　**訪問②**（拘束約８時間　面接３回）

- 集団面接／面接官２：受験生２　約20分
- 個別面接／面接官１：受験生１　約10分
- 個別面接／面接官１：受験生１　約10分

この場で内々定。

最終日の個別面接は意向確認のようで「気楽に答えてね」と言われる。最後は「ぜひ一緒に働きたい」と内々定をいただく。

2021年試験

採用予定人数 24人

2021年7月

			1	2	3
4	5	6	7	8	9	10
11	12	13	14	15	16	17
18	19	20	21	22	23	24
25	26	27	28	29	30	31

7/7　1次試験合格発表

7/8　人事院主催業務説明会に参加

7/9　**訪問①**（拘束約６時間　オンライン面接２回）

- 集団面接／面接官２：受験生２　約30分
- 集団面接／面接官２：受験生３　約45分

この日の夜に電話で次回の訪問日時を指定される。

前日の夜にメールでオンライン面接が午前か午後かを知らされ、具体的な時間は当日の面接開始30分前に電話で知らされた。集団面接なのでそれぞれの回答が掘り下げられることはないが、ほかの人の発言もうなずきながら聞くようにしていた。

7/10　**訪問②**（拘束約１時間　オンライン面接１回）

- 集団面接／面接官２：受験生３　約25分

この日の夜に電話で次回の訪問日時を指定される。

7/11　**訪問③**（拘束約1.5時間　オンライン面接１回）

- 集団面接／面接官２：受験生３　約25分

この日の夜に電話で次回の訪問日時を指定される。

7/12 **訪問④**（拘束約8.5時間　集団討論１回）

- 集団討論（「ヤングケアラーに対する文科省としての取り組み」について/１グループ７人　約20分）

この場で次回の訪問日時を指定される。

> これ以降は本庁での対面選考。集団討論はまず役割を決めて、自分の意見をまとめる時間がもらえる。その後30分で討論。

7/13 **訪問⑤**（拘束約11.5時間　面接３回）

- 個別面接／面接官１：受験生１　約５分
- 個別面接／面接官１：受験生１　約５分
- 個別面接／面接官３：受験生１　約10分

この場で内々定。

> 最終日は面接というより幹部との顔合わせに近く、どれも雑談で終わるものだった。最後の面接で「人事院面接頑張ってください」と言われ、内々定をいただいた。

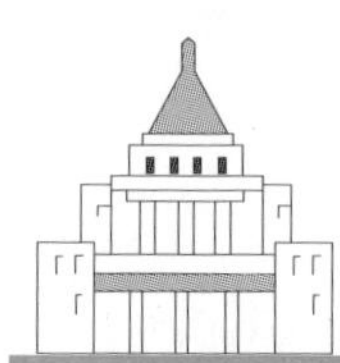

厚生労働省

▶山ちゃん Check！

毎年多数の訪問者があり、特に女性に人気の高い官庁です。厚生行政と労働行政、さらに労働行政は、労働基準行政、雇用環境・均等行政、職業安定行政に細分化されて採用活動が行われています。内々定数が多い反面、辞退者もかなりの数に上るため、あきらめなければ秋以降の採用内々定もありえます。過去には訪問解禁後１週間経過しての初訪問で内々定をもらったツワモノもいました（労働行政）。

採用予定人数（厚生労働省全体）

2021年
149人

2023年試験 厚生行政

2023年７月

						1
2	3	4	5	6	7	8
9	10	11	12	13	14	15
16	17	18	19	20	21	22
23	24	25	26	27	28	29
30	31					

6月～ 独自の業務説明会に複数回参加

7/5 １次試験合格発表

7/7 **訪問①**（拘束約５時間　面接４回）

- 個別面接／面接官１：受験生１　約20分
- 個別面接／面接官１：受験生１　約20分
- 個別面接／面接官１：受験生１　約60分
- 個別面接／面接官１：受験生１　約５分

この場で内々定。

待合室は労働行政と合同で私語禁止のような雰囲気だったので静かだった。１、２回目の面接は大部屋がブースにわかれた場所で行われ、３回目以降は個室に通された。最後の面接で内々定をいただいた。

2022年試験 厚生行政

~7月　分野別業務説明会や座談会に複数回参加
7/6　１次試験合格発表
7/7　合同業務説明会に参加

官庁訪問の予約をとる大変さは人事も把握済みのため、訪問開始日は選考に影響しないと言われた。

2022年7月						
					1	2
3	4	5	6	7	8	9
10	11	12	13	14	15	16
17	18	19	20	21	22	23
24	25	26	27	28	29	30
31						

7/8　**訪問①**（拘束約6.5時間　面接４回）

- 個別面接／面接官１：受験生１　約20分
- 個別面接／面接官１：受験生１　約20分
- 個別面接／面接官１：受験生１　約30分
- 個別面接／面接官１：受験生１　約５分

この場で内々定。

大部屋で待機していると受付番号で呼ばれ、ついたてで仕切られた場所で面接をする方式。最後の面接はそれまでと違うフロアだったが、面接官は３回目と同じ方で「採用候補者にさせていただこうと思っています」と言われ名刺をいただいた。

2021年試験 厚生行政

~6月　分野別業務説明会や座談会に複数回参加
7/7　１次試験合格発表

2021年7月						
				1	2	3
4	5	6	7	8	9	10
11	12	13	14	15	16	17
18	19	20	21	22	23	24
25	26	27	28	29	30	31

7/10　**訪問①**（拘束約５時間　オンライン面接４回）

- 個別面接／面接官１：受験生１　約20分
- 個別面接／面接官１：受験生１　約20分
- 個別面接／面接官１：受験生１　約20分
- 個別面接／面接官１：受験生１　約15分

最後の面接で内々定。

すべてZoomによるオンライン面接。メールで「○時から○時の間で面接を行うので、電話に出て接続できるようにしてください」と指示され、PCの前で待機して電話に出ながらZoomに入室するという流れだった。どの面接でもストレス耐性や国家公務員の働き方についてどう考えているかの質問があった。３回目の面接で最後に「結果は本日中に連絡」と言われ、４回目のZoom入室で人事課長の方から内々定を告げられる。

2023年試験 労働基準行政

7/5　１次試験合格発表

7/6　合同業務説明会に参加

7/9　**訪問①**（拘束約４時間　面接３回）

- 個別面接／面接官１：受験生１　約30分
- 個別面接／面接官２：受験生１　約30分
- 個別面接／面接官２：受験生１　約30分

この場で内々定。

2023年7月

						1
2	3	4	5	6	7	8
9	10	11	12	13	14	15
16	17	18	19	20	21	22
23	24	25	26	27	28	29
30	31					

官庁訪問３日目に行くと待機場所には60人ほど集まっていた。厚生行政と入り混じっての待機なので呼び出しがわかりにくいが、待合室は周りの受験生と話す雰囲気もなく静かだった。

2021年試験 労働基準行政

～6月　独自の業務説明会や座談会にほぼすべて参加

7/7　１次試験合格発表

7/10　**訪問①**（拘束約７時間　オンライン面接３回）

- 個別面接／面接官１：受験生１　約20分
- 個別面接／面接官２：受験生１　約30分
- 個別面接／面接官２：受験生１　約30分

最後の面接から30分ほどたって電話で内々定。

2021年7月

			1	2	3
4	5	6	7	8	9	10
11	12	13	14	15	16	17
18	19	20	21	22	23	24
25	26	27	28	29	30	31

Zoomでのオンライン面接。事前にメールでいくつかのURLが送られてきていて、電話で「このURLの部屋で面接開始します」と連絡が来てから入室する流れ。トイレの時間以外はずっとPCの前で待機していて、電話連絡がきたときにURLをクリックするだけの状態にしていた。質問は基本的に面接カードに沿った内容なので、カメラに向かって笑顔で、自分の言葉で一貫性のある話をすることを意識した。

2022年試験
雇用環境・均等行政

2022年7月						
					1	2
3	4	5	6	7	8	9
10	11	12	13	14	15	16
17	18	19	20	21	22	23
24	25	26	27	28	29	30
31						

～7月　分野別業務説明会や座談会に複数回参加

7/6　１次試験合格発表

7/7　合同業務説明会に参加

7/8　**訪問①**（拘束約８時間　面接３回）

- 個別面接／面接官１：受験生１　約30分
- 個別面接／面接官３：受験生１　約20分
- 個別面接／面接官３：受験生１　約20分

この日の夜に電話で内々定。

面接はオンラインと対面のどちらかを選択でき、対面の会場には雇用環境・均等行政で12人ほど受験生がいた。面接が終わるごとに「次の面接は○時ごろです」と言われ、その時間に合わせて準備したが大幅に遅くなったこともあった。

2021年試験
雇用環境・均等行政

2021年7月						
				1	2	3
4	5	6	7	8	9	10
11	12	13	14	15	16	17
18	19	20	21	22	23	24
25	26	27	28	29	30	31

7/7　１次試験合格発表

7/9　**訪問①**（拘束約6.5時間　オンライン面接３回）

- 個別面接／面接官１：受験生１　約10分
- 個別面接／面接官３：受験生１　約15分
- 個別面接／面接官３：受験生１　約20分

この日の夜に電話で内々定。

Zoomでのオンライン面接。面接開始前に電話で面接開始の案内がされた後、メールで送られてくるURLをクリックして面接開始という流れ。面接は和やかというわけでも圧迫面接でもなかったが、厚労省は激務であると伝えられたうえでストレス耐性について繰り返し聞かれた。３回目の面接終了時に「合否は今日中に電話でお伝えします」と言われ、20時30分ごろ内々定の電話がきた。

2023年試験
職業安定行政

〜7月　分野別業務説明会や座談会に複数回参加

7/5　１次試験合格発表

7/6　合同業務説明会に参加

7/7　**訪問①**（拘束約９時間　面接３回）

- 個別面接／面接官１：受験生１　約15分
- 個別面接／面接官２：受験生１　約30分
- 個別面接／面接官３：受験生１　約15分

この場で内々定。

2023 年 7 月

						1
2	3	4	5	6	7	8
9	10	11	12	13	14	15
16	17	18	19	20	21	22
23	24	25	26	27	28	29
30	31					

　大部屋がいくつかのブースに分かれたところで１回目の面接。終了後、同じ部屋で「選考には関係ないので疑問に思っていることを存分に聞いてください」という面談があった。関心があると伝えていた分野に携わっている職員と15分ほどのやりとりは、後ろで最初の面接の面接官が聞いていた。その場で２回目の面接の案内が書かれた紙を渡され移動。そこは職業安定行政志望者だけの待合室で、お茶やお菓子が置いてあり他の受験者と和やかに会話できる雰囲気だった。その隣の部屋で２回目の面接があり、終了後廊下で待機していると次の面接の時間を伝えられ待合室に戻ることができた。最後の面接後、個別に呼ばれて内々定。

2022年試験
職業安定行政

7/6　１次試験合格発表

7/9　**訪問①**（拘束約8.5時間　面接３回）

- 個別面接／面接官１：受験生１　約30分
- 個別面接／面接官２：受験生１　約30分
- 個別面接／面接官３：受験生１　約30分

この場で内々定。

2022 年 7 月

					1	2
3	4	5	6	7	8	9
10	11	12	13	14	15	16
17	18	19	20	21	22	23
24	25	26	27	28	29	30
31						

　最後の面接終了後、面接室の外に出た後すぐに同じ部屋へ入るように呼ばれ「来年４月から一緒に働きましょう」と内々定をいただく。

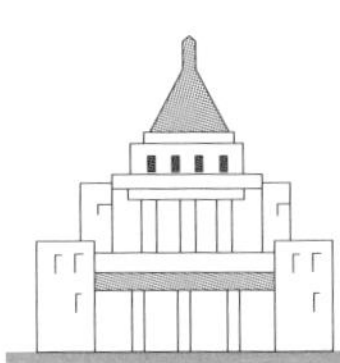

農林水産省

▶山ちゃん Check！

従来は、日を置いて訪問できていたのですが、最近は他省庁と同じように１日で決めており、その分長時間の拘束となることも多いようです。

余談ながら、食堂のメニューには、メニューごとのカロリーベースの自給率が表示されており、「いかにもわが国の食卓を守る省だ」と感じると思いますよ。

2023年試験

採用予定人数 27人

～7月　独自の業務説明会や座談会に複数回参加

7/5　１次試験合格発表

7/6　合同業務説明会に参加

7/7　**訪問①**（拘束約８時間　面接４回）

- 個別面接／面接官１：受験生１　約15分
- 個別面接／面接官１：受験生１　約15分
- 個別面接／面接官１：受験生１　約20分
- 個別面接／面接官１：受験生１　約20分

この場で内々定。

2023年7月						
						1
2	3	4	⑤	⑥	❼	8
9	10	11	12	13	14	15
16	17	18	19	20	21	22
23	24	25	26	27	28	29
30	31					

控室は４、５人のグループで座るようになっていて、自由におしゃべりすることが推奨されている雰囲気だった。２回目の面接官が説明会で会ったことのある職員の方だったのでリラックスできた。３回目の面接から雰囲気が変わって緊張感のある面接だったものの最後の面接では説明会への参加回数が多いことに感心され、言葉で伝えきれなかった熱意が伝わったと思う。

2022年試験

採用予定人数 27人

2022年7月

					1	2
3	4	5	6	7	8	9
10	11	12	13	14	15	16
17	18	19	20	21	22	23
24	25	26	27	28	29	30
31						

7月 独自の業務説明会や座談会に複数回参加

官庁訪問直前に受験生２人と職員１人での座談会に参加。

7/6 １次試験合格発表

7/8 **訪問①（拘束約３時間　面接４回）**

- 個別面接／面接官１：受験生１　約15分
- 個別面接／面接官１：受験生１　約15分
- 個別面接／面接官１：受験生１　約30分
- 個別面接／面接官１：受験生１　約30分

この日の16時ごろ電話で内々定。

２回目の面接官が事前の座談会で対応してくれた職員の方だったので安心できた。ここまでは優しい雰囲気だったが３回目以降はかなり堅い雰囲気になり、農林水産業に関する知識や政策について聞かれる展開もあった。説明会に多く出席していたことを把握したうえでの質問もあったので、志望度の高さは伝わっていたと思う。

2021年試験

採用予定人数 27人

2021年7月

				1	2	3
4	5	6	7	8	9	10
11	12	13	14	15	16	17
18	19	20	21	22	23	24
25	26	27	28	29	30	31

7/7 １次試験合格発表

7/8 人事院主催業務説明会に参加

7/9 **訪問①（拘束約７時間　面接４回）**

- 個別面接／面接官１：受験生１　約15分
- 個別面接／面接官１：受験生１　約15分
- 個別面接／面接官１：受験生１　約30分
- 個別面接／面接官１：受験生１　約45分

この場で内々定。

１、２回目は大きな部屋を仕切って同時に４組の面接が行われた。面接に呼ばれるのはあらかじめ決まっていた番号順で、受付順ではなかった。４回目の面接が終わった時に夕方の集合時刻が書かれた紙を渡された。自分は午前の部で面接が終了していて、集合時刻まで時間がある場合は外出してもいいと言われたため外出。集合時刻にもどると午後の部の内々定者も一緒に内々定をいただく。

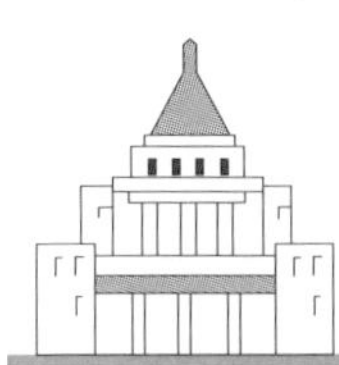

経済産業省

▶山ちゃん Check！

一般職からでも総合職のコースに進むことができる省庁です。このため総合職と同じ人事職員が担当者に加わります。わが国のこれからの産業のあり方、豊かさについての考えを持っていきたいですね。そのためにも業務説明会参加は必須です。

2022年試験

採用予定人数 **35人**

2022年7月						
					1	2
3	4	5	6	7	8	9
10	11	12	13	14	15	16
17	18	19	20	21	22	23
24	25	26	27	28	29	30
31						

7月　個別面談つきの職場見学会に参加

7/6　１次試験合格発表

7/7　オンラインでの合同業務説明会に参加

7/8　訪問①（拘束約9.5時間　面接３回）

- 個別面接／面接官１：受験生１　約10分
- 個別面接／面接官１：受験生１　約10分
- 個別面接／面接官４：受験生１　約10分

この場で次回の訪問日時を指定される。

最初の面接は小さなブースでの緩やかなもので、２回目からは大部屋での面接。最後は答えにくい質問もあり、堅い雰囲気だった。その３回目の面接終了後にメンターとの面談があり、これまでの面接の感想や現時点での困りごと・質問を聞いてもらえた。メンターは以前面談をしたことのある方だった。次に職場訪問があるとのことで、どんな職員に会いたいか希望を聞いてくれた。職場訪問の後もメンター面談、この流れが２回繰り返されたあと翌日の案内をされる。初日はオンライン面接の人もいたようだった。

7/9　訪問②（拘束約９時間　集団討論１回　面接１回）

- 集団討論（「地球温暖化が進むなかで、自動車産業をどう進めていくか」について/ １グループ６人　約50分）
- 個別面接／面接官１：受験生１　約10分

この場で内々定。

まずメンターと面談し、現時点での質問や相談を聞いてもらった。待ち時間に受験生５人前後に今年度入省の職員１人がつく座談会があり、こちらの質問にフランクに答えてくれる楽しい時間だった。集団討論は資料が配られた後に話し合い、その様子や発表を多くの職員が見ていた。発表の順番や発表者はくじで決められた。最後の面接は意向確認で、「ぜひ一緒に働きたい」と内々定をいただく。人事で一番えらいと思われる方とも面談し握手をして終了。その後メンター職員の方々が待機している部屋に呼ばれてサプライズのような祝福を受けた。

2021年試験

2021年6月

		1	2	3	4	5
6	7	8	9	10	11	12
13	14	15	16	17	18	19
20	21	22	23	24	25	26
27	28	29	30			

2021年7月

				1	2	3
4	5	6	7	8	9	10
11	12	13	14	15	16	17
18	19	20	21	22	23	24
25	26	27	28	29	30	31

6/25　職場見学会に参加

7/2　職場見学会に参加

１時間ぐらいずつの質疑応答。

7/7　１次試験合格発表

7/9　**訪問①**（拘束約10.5時間　面接３回）

- 集団面接／面接官１：受験生２　約30分
- 個別面接／面接官１：受験生１　約60分
- 個別面接／面接官１：受験生１　約120分

この場で次回の訪問日時を指定される。

はじめにメンターの職員と面談し、志望動機の確認など20分ほど話す。その後、面接が終わるごとにメンターと話して面接の反省点を確認されたり、これから臨む原課面接で意識すべきことを教えてもらったりした。２、３回目は原課面接。どんな仕事をしている職員と話したいかメンターに聞かれて、調整してもらえることもあった。

7/10　**訪問②**（拘束約８時間　集団討論１回　面接２回）

- 集団討論（「コロナ禍における中小企業支援策」について/１グループ６人　約60分）
- 個別面接／面接官１：受験生１　約10分
- 個別面接／面接官１：受験生１　約５分

この場で内々定。

まずメンターと面談し、今日は集団討論があると言われる。集団討論は資料が配られた後に話し合い、最後に発表者が発表する様子を職員５、６人が見ていた。面接後は意向確認、内々定をいただく。その後別館に案内され、説明会や官庁訪問中にお世話になった方々に拍手で迎えられた。

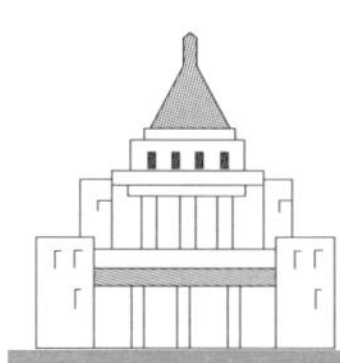

特許庁

▶山ちゃん Check！

事務系は一般職のみを採用するためか、「風通しのよい官庁」として人気があります。例年２回の訪問で内々定が出る官庁ですが、２回目の訪問は意向確認を含めた幹部との面接なので、１回目の訪問が勝負となります。

2023年試験

2023年７月

						1
2	3	4	⑤	6	❼	❽
9	10	11	12	13	14	15
16	17	18	19	20	21	22
23	24	25	26	27	28	29
30	31					

7月　独自の業務説明会に参加

7/5　１次試験合格発表

7/7　**訪問①**（拘束約６時間　面接２回）

- 個別面接／面接官２：受験生１　約15分
- 個別面接／面接官３：受験生１　約15分

この日の夜に電話で次の訪問日時を指定される。

官庁訪問初日の午前中は30人ほど受験生がいて、10人ぐらいずつ別の控室に分かれて案内された。終日スマホ使用禁止と言われ、控室もとても静かだった。面接は穏やかな雰囲気だったが「簡潔に説明を」と求められることが多く言葉に詰まる場面もあった。

7/8　**訪問②**（拘束約２時間　面接１回）

- 個別面接／面接官５：受験生１　約15分

この日の夜に電話で内々定。

幹部職員５人との面接、併願状況を細かく聞かれた。一緒に働きたいと思ってもらえるように笑顔や礼儀正しさを意識した。

2022年試験

2022年7月

					1	2
3	4	5	6	7	8	9
10	11	12	13	14	15	16
17	18	19	20	21	22	23
24	25	26	27	28	29	30
31						

7月 独自の業務説明会や座談会に参加

7/6 1次試験合格発表

7/8 **訪問①**（拘束約8時間　オンライン面接1回・対面面接2回）

- 個別面接／面接官1：受験生1　約15分
- 個別面接／面接官3：受験生1　約20分
- 個別面接／面接官4：受験生1　約20分

この日の夜に電話で次の訪問日時を指定される。

> 初回が午前中にオンライン面接で、面接カードに沿った質問。面接終了10分後に電話で午後からの対面面接を案内される。本庁の待合室は間隔をあけて座り会話は控えるように言われたので静かだったが、面接室への入室前にマスクをはずすように指示された。

7/11 **訪問②**（拘束約2時間　面接1回）

- 個別面接／面接官1：受験生1　約15分

この場で内々定。

> 会議室に集まった10人ほどが名前順に呼ばれ、面接というより意向確認。

2021年試験

2021年7月

				1	2	3
4	5	6	7	8	9	10
11	12	13	14	15	16	17
18	19	20	21	22	23	24
25	26	27	28	29	30	31

6月 個別説明会に参加

7/7 1次試験合格発表

7/9 **訪問①**（拘束約1時間　オンライン面接1回）

- 個別面接／面接官1：受験生1　約15分

この日の夜に電話で次の訪問日時を指定される。

> Skypeによる面接だったが、事前に接続確認もあったので特に不安材料はなかった。質問内容は訪問カードに沿ったもの。

7/10 **訪問②**（拘束約1時間　面接1回）

- 個別面接／面接官3：受験生1　約20分

この場で次の訪問日時を指定される。

> 2日目以降は本庁舎での対面面接。感染症対策で間隔をあけて着席するように言われたが、会話禁止というわけでもなさそうだった。

7/11 **訪問③**（拘束約1時間　面接1回）

●個別面接／面接官４：受験生１　約30分

深く厳しく掘り下げられる面接。ほかの受験生を見ていると通過率は３割ほどという感触。

この日の夜に電話で次の訪問日時を指定される。

7/12

訪問④（拘束約4.5時間　面接３回）

●個別面接／面接官１：受験生１　約10分

●個別面接／面接官１：受験生１　約10分

●個別面接／面接官２：受験生１　約10分

この場で内々定。

面接というより意向確認がメイン。２回目の面接で内々定をいただき、最後の面接は雑談と「不安なことはないか」など確認された。

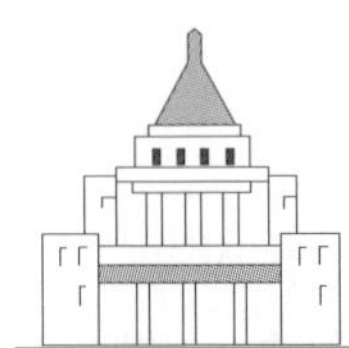

国土交通省

▶山ちゃん Check！

社会資本整備系（旧建設系）とモビリティ・観光立国系（旧運輸系：2020年より「交通・観光系」から名称変更されました）に分けて採用されます。１次発表前の独自の業務説明会に出席して、どちらを志望するのかは、最低限決めておくべきです。近年は、１回から２回の訪問で内々定を出すことが多い官庁です。

採用予定人数（国土交通省全体）

2022年 56人

2021年 45人

2023年試験 社会資本整備系

2023年7月

						1
2	3	4	5	6	7	8
9	10	11	12	13	14	15
16	17	18	19	20	21	22
23	24	25	26	27	28	29
30	31					

～6月　独自の業務説明会に参加

7/5　１次試験合格発表

7/6　オンラインでの合同業務説明会に参加

7/7　**訪問①**（拘束約8.5時間　面接２回）

- 個別面接／面接官１：受験生１　約15分
- 個別面接／面接官１：受験生１　約15分

この場で次回の訪問日時を指定される。

> 大部屋の控室に椅子だけ並べてあり、名前を呼ばれたら各自で面接室に向かうという流れだった。控室ではスマホ利用も可能、受験生同士で会話して和やかな雰囲気だった。

7/8　**訪問②**（拘束約10.5時間　面接３回）

- 個別面接／面接官１：受験生１　約25分
- 個別面接／面接官１：受験生１　約30分
- 個別面接／面接官１：受験生１　約20分

この場で内々定。

どの面接も面談というような和やかな雰囲気で、質問内容も人物面が重視されている印象だった。19時ごろ個別に呼ばれて面接室へ行き、これまでの面接の簡単な講評を聞いた後で内々定。

2022年試験 社会資本整備系

2022年7月						
					1	2
3	4	5	6	7	8	9
10	11	12	13	14	15	16
17	18	19	20	21	22	23
24	25	26	27	28	29	30
31						

7月　独自の業務説明会に参加

7/6　１次試験合格発表

7/7　合同業務説明会に参加

7/8　**訪問①**（拘束約１時間　オンライン面接２回）

- 個別面接／面接官１：受験生１　約15分
- 個別面接／面接官１：受験生１　約20分

この日の夕方に電話で次回の訪問日時を指定される。

オンライン面接の時間は当日になって変更になったが、１回目の面接終了後に「10分後に次の面接があるのでマイクとビデオをオフにして接続したままでいて」と言われた。

7/9　**訪問②**（拘束約８時間　面接２回）

- 個別面接／面接官１：受験生１　約10分
- 個別面接／面接官１：受験生１　約20分

この日の18時ごろ電話で内々定。

会議室に受験生が30人ほど集められ待機。待ち時間は他の受験生と話すことも推奨されていたので情報交換もしつつ、面接カードの見直しや読書などして穏やかな雰囲気だった。

2021年試験 社会資本整備系

2021年7月						
				1	2	3
4	5	6	7	8	9	10
11	12	13	14	15	16	17
18	19	20	21	22	23	24
25	26	27	28	29	30	31

～6月　オンラインや対面での独自業務説明会に参加

7/7　１次試験合格発表

7/8　人事院主催業務説明会に参加

7/9　**訪問①**（拘束約１時間　オンライン面接２回）

- 個別面接／面接官１：受験生１　約15分
- 個別面接／面接官１：受験生１　約15分

	この日の18時ごろ電話で次の訪問日時を指定される。
7/10	**訪問②**（拘束約9.5時間　面接２回） ●個別面接／面接官１：受験生１　約15分 ●個別面接／面接官１：受験生１　約15分 この場で内々定。

　２日目は本省での対面面接。９時30分集合で20名ほどが大部屋で待機。感染症対策のため、ほかの受験生と話す機会はなかった。オンラインでも対面でも面接の雰囲気は和やか、基本的な質問が中心で回答に困ることはなかった。

2023年試験 モビリティ・観光立国系

～7月	独自の業務説明会・座談会に参加
7/5	１次試験合格発表
7/7	**訪問①**（拘束約５時間　面接３回） ●個別面接／面接官１：受験生１　約15分 ●個別面接／面接官１：受験生１　約20分 ●個別面接／面接官４：受験生１　約20分 この日の夜に電話で内々定。

2023年7月

						1
2	3	4	5	6	7	8
9	10	11	12	13	14	15
16	17	18	19	20	21	22
23	24	25	26	27	28	29
30	31					

　２回目までの面接は和やかな面談という雰囲気で、事前の座談会にいた人事の方が面接官のときは緊張もやわらいだ。２回目終了後、幹部との最終面接に進むと言われて緊張感は増したものの、話しづらいという雰囲気ではなかった。「御縁があれば今日中に電話します」と言われ、22時ごろ電話があった。

2022年試験 モビリティ・観光立国系

7月	独自の業務説明会に参加
7/6	１次試験合格発表
7/7	合同業務説明会に参加
7/8	**訪問①**（拘束約9.5時間　オンライン面接３回） ●個別面接／面接官１：受験生１　約15分 ●個別面接／面接官１：受験生１　約15分 ●個別面接／面接官４：受験生１　約20分 この場で内々定。

2022年7月

					1	2
3	4	5	6	7	8	9
10	11	12	13	14	15	16
17	18	19	20	21	22	23
24	25	26	27	28	29	30
31						

Teamsを使ってオンライン面接。１回目は予約した時刻通りに始まり、終了後もそのまま接続しておくよう言われ、５分後に２回目スタート。どちらも若手の職員と雑談も入るような和やかな雰囲気だった。２回目終了後10分以内に電話で結果を連絡しますと言われ、幹部面接に進むことを告げられる。15時ごろメールで面接開始時刻を17時30分と指定されたが、実際にスタートしたのは19時前だった。これまでとは違って緊張感のある面接だったが、最後に「内々定をお出しします」と言われた。翌々日に「内々定者を対象とした業務説明会」として本省に集められ、書類の記入や内々定者同士の交流があった。

2021年試験 モビリティ・観光立国系

2021年7月

				1	2	3
4	5	6	7	8	9	10
11	12	13	14	15	16	17
18	19	20	21	22	23	24
25	26	27	28	29	30	31

～6月 独自の業務説明会に参加

7/7 １次試験合格発表

7/8 人事院主催業務説明会に参加

7/9 **訪問①**（拘束約4.5時間　オンライン面接３回）

- 個別面接／面接官１：受験生１　約10分
- 個別面接／面接官１：受験生１　約15分
- 個別面接／面接官４：受験生１　約25分

この日の22時30分ごろ電話で内々定。

Teamsを使ってのオンライン面接。はじめの２回は続けて行われ、あまり緊張感なく楽しくお話できた印象。２回目終了10分後に電話があり、最終面接の案内をされた。幹部面接であったためか、あとからメールがきて時間を指定される。最終面接はそれまでと雰囲気は変わるが圧迫感があるわけではなく、ここですべてが決まるという印象だった。

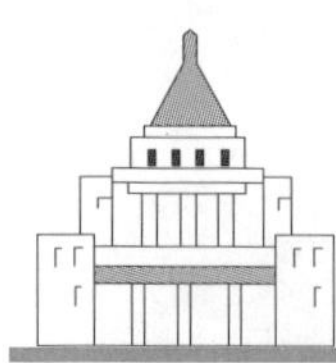

環境省

▶山ちゃん Check！

1回の訪問で内々定を出す官庁です。環境問題に対する熱い思いだけでは切り抜けられないので、産業政策などとのからみの中での環境政策を考えましょう。ネクタイ着用は厳禁の官庁です。

2023年試験

採用予定人数 10人

～7月 独自の業務説明会に参加
7/5 1次試験合格発表
7/6 オンラインでの合同業務説明会に参加
7/7 **訪問①（拘束約7.5時間　面接3回）**

- 個別面接／面接官2：受験生1　約30分
- 個別面接／面接官1：受験生1　約40分
- 個別面接／面接官3：受験生1　約30分

この場で内々定。

2023年7月

						1
2	3	4	5	6	7	8
9	10	11	12	13	14	15
16	17	18	19	20	21	22
23	24	25	26	27	28	29
30	31					

控室はスマホ使用も受験生同士の会話も許可されていたので、周囲とおしゃべりして情報交換した。最終面接終了後「少し話し合うので席を外してください」と言われいったん退室、1分ほどで呼ばれ「一緒に働きたい」と名刺をいただく。

2022年試験

採用予定人数 10人

7/6 1次試験合格発表
7/7 合同業務説明会に参加
7/8 **訪問①（拘束約6時間　面接3回）**

- 個別面接／面接官2：受験生1　約30分
- 個別面接／面接官1：受験生1　約30分
- 個別面接／面接官2：受験生1　約30分

2022年7月

					1	2
3	4	5	6	7	8	9
10	11	12	13	14	15	16
17	18	19	20	21	22	23
24	25	26	27	28	29	30
31						

この場で内々定。

待合室はパンフレットを見たり面接シートを見直したりする人がほとんどで、話し声は少なく静かだった。２回目の面接までは穏やかな雰囲気で、面接官がご自身の体験談を交えて話してくださり、こちらも話しやすかった。最後は待合室も面接室も変わって堅い雰囲気だったが、終了後に「ぜひ一緒に働きたい」と名刺をいただいた。

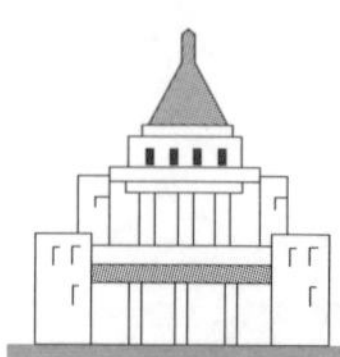

会計検査院

▶山ちゃん Check！

国税専門官志望の受験生が多く訪問する官庁です。このため、辞退者も多いことから、「なぜ会計検査院なのか」を強調できるようにして訪問しましょう。国税専門官志望の方はとりわけ注意です。

2023年試験

7/5　1次試験合格発表

8/16　**訪問①**（拘束約８時間　オンライン面接５回）

- 個別面接／面接官１：受験生１　約30分
- 個別面接／面接官１：受験生１　約40分
- 個別面接／面接官１：受験生１　約30分
- 個別面接／面接官１：受験生１　約20分
- 個別面接／面接官１：受験生１　約25分

オンラインで内々定。

2023年7月

						1
2	3	4	5	6	7	8
9	10	11	12	13	14	15
16	17	18	19	20	21	22
23	24	25	26	27	28	29
30	31					

2023年8月

		1	2	3	4	5
6	7	8	9	10	11	12
13	14	15	16	17	18	19
20	21	22	23	24	25	26
27	28	29	30	31		

Skypeによるオンライン面接。面接が始まる５分前に連絡が来て、表示名と氏名を送信しておくと電話がかかってきて面接スタートとなる流れだった。他の官庁から内々定を頂いている状態で官庁訪問第２クールからの参加だったため、志望動機や志望順位について深く聞かれることが多かったが誠実に丁寧に説明することで納得してもらえたと思う。４回目の面接は志望動機よりも人間関係や業務内容について重きが置かれた質問で、５回目の面接終了後に人事係長が出てきて内々定を告げられる。

2022年試験

2022年7月						
					1	2
3	4	5	6	7	8	9
10	11	12	13	14	15	16
17	18	19	20	21	22	23
24	25	26	27	28	29	30
31						

~7月　オンラインでの独自の業務説明会に複数参加

7/6　１次試験合格発表

7/7　合同業務説明会に参加

> 内容はこれまでの説明会と大差ないが、対面での説明会は貴重だと思った。

7/8　**訪問①**（拘束約９時間　オンライン面接７回）

- 個別面接／面接官１：受験生１　約30分
- 個別面接／面接官１：受験生１　約15分
- 個別面接／面接官１：受験生１　約30分
- 個別面接／面接官１：受験生１　約30分
- 個別面接／面接官１：受験生１　約15分
- 個別面接／面接官１：受験生１　約15分
- 個別面接／面接官１：受験生１　約15分

この場で内々定。

> すべてSkypeによるオンライン面接。面接が始まる１～５分前くらいにチャットで連絡がくるので注意しながら、パンフレットを読んだり動画を見て待機していた。２回目の面接後にお昼休憩の指示。最初と最後の面接官が同じ人事の職員で、最後に内々定を伝えられた。

2021年試験

採用
予定人数
27人

2021年7月						
				1	2	3
4	5	6	7	8	9	10
11	12	13	14	15	16	17
18	19	20	21	22	23	24
25	26	27	28	29	30	31

3月　独自の業務説明会に参加

7/7　１次試験合格発表

7/8　人事院主催業務説明会に参加

7/9　**訪問①**（拘束約５時間　オンライン面接３回）

- 個別面接／面接官１：受験生１　約15分
- 個別面接／面接官１：受験生１　約15分
- 個別面接／面接官１：受験生１　約15分

この日の夜に電話で次の訪問日時を指定される。

Skypeによるオンライン面接。面接開始の10分前くらいに面接ができるか確認メールが送られてくる。こちらから質問する時間が必ずあるので、質問は複数用意しておくといい。

7/10

訪問②（拘束約５時間　オンライン面接３回）

- 個別面接／面接官１：受験生１　約15分
- 個別面接／面接官１：受験生１　約10分
- 個別面接／面接官１：受験生１　約15分

最後の面接終了後20分ほどで内々定の連絡。

この日は「本当に会計検査院に来てくれるか」「興味のない分野でもやっていけそうか」の確認をされていた印象。

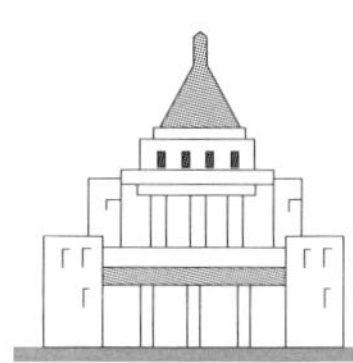

防衛省

▶山ちゃん Check！

従来は独自に試験を行っていましたが、2012年から、国家一般職試験からの採用となりました。コロナ禍のときは即決の年もありましたが、2023年からはじっくりと時間をかけて吟味されています。

2023年試験

採用予定人数 **83人**

2023年7月

						1
2	3	4	5	6	7	8
9	10	11	12	13	14	15
16	17	18	19	20	21	22
23	24	25	26	27	28	29
30	31					

～7月　独自の業務説明会に複数回参加

7/5　１次試験合格発表

7/6　合同業務説明会に参加

7/7　**訪問①**（拘束約11.5時間　面接５回）

- 個別面接／面接官１：受験生１　約20分
- 個別面接／面接官１：受験生１　約20分
- 個別面接／面接官１：受験生１　約20分
- 個別面接／面接官１：受験生１　約20分
- 個別面接／面接官１：受験生１　約20分

この場で次の訪問日時を指定される。

> 待合室では他の受験生や若手職員と話すことが許可されていたので、テーブルごとに和やかに過ごしていた。面接への呼び出しは番号順ではなくランダムなので、いつ呼ばれるかわからない緊張感はあった。４回目の面接で「明日も来てほしい」と言われ、最後の面接でこの日の面接のフィードバックをしてもらう。志望度と併願先の確認もされた。

7/8　**訪問②**（拘束約５時間　面接１回）

- 個別面接／面接官１：受験生１　約20分

この場で次の訪問日時を指定される。

> 実際に働くことを想定したような質問も多く、１日目よりも厳しい雰囲気だった。

7/9　**訪問③**（拘束約2.5時間　面接２回）

- 個別面接／面接官１：受験生１　約15分

	●個別面接／面接官１：受験生１　約15分
	この場で次の訪問日時を指定される。
7/10	**訪問④**（拘束約5.5時間　面接１回）
	●個別面接／面接官１：受験生１　約20分
	この場で内々定。

幹部面接で、防衛省を含む国家で取り組むべき課題など政策についての考えを広く問われた。その後他の受験生と共に部屋に集められ、全員内々定。自己紹介や今後の流れの説明などがあった。

2022年試験

2022年7月

					1	2
3	4	5	6	7	8	9
10	11	12	13	14	15	16
17	18	19	20	21	22	23
24	25	26	27	28	29	30
31						

～7月	オンラインでの独自の業務説明会に複数参加
7/6	１次試験合格発表
7/7	合同業務説明会に参加
7/8	**訪問①**（拘束約２時間　面接１回）
	●個別面接／面接官２：受験生１　約20分
	この日の夜に電話で次の訪問日時を指定される。

防衛省敷地内の大きなホールに各機関がブースを出して、受験生がまわっていくスタイル。志望の機関のブースに行き、ついたてで仕切られた面接会場に順番に入ってアクリル板ごしに面接を受けた。最大４機関まわることができ、最後に志望順位をつけたものを受付に提出して帰るようになっていた。

7/11	**訪問②**（拘束約2.5時間　面接１回）
	●個別面接／面接官２：受験生１　約20分
	この場で内々定。

同じ時間帯の受験生全員の面接が終了後、その場で内々定を伝えられる。

2021年試験

2021年7月

				1	2	3
4	5	6	7	8	9	10
11	12	13	14	15	16	17
18	19	20	21	22	23	24
25	26	27	28	29	30	31

7/4	独自の懇談会に参加

防衛省の様々な機関の話を聞くことができた。行きたい機関では積極的に質問し、複数回参加して名前を覚えてもらえた。

7/7	１次試験合格発表
7/8	人事院主催業務説明会に参加

7/9　**訪問①**（拘束約１時間　面接１回）

●個別面接／面接官１：受験生１　約20分

この場で次の訪問日時を指定される。

面接官が懇談会で話をした人で、顔を覚えていてくれた。質問内容は一般的なものだったが転勤が可能かの確認があった。

7/13　**訪問②**（拘束約２時間　面接１回）

●個別面接／面接官１：受験生１　約20分

この日の20時ごろ電話で内々定。

待機時間中は人事の方と交流する時間があり、面接前から「ほぼ合格」と言われた。

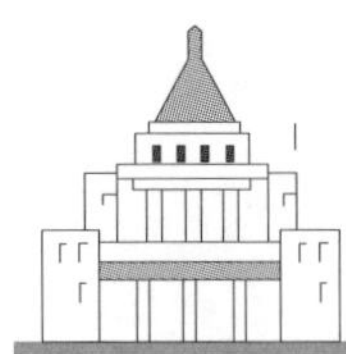

消費者庁

▶山ちゃん Check！

採用人数の少ない小規模官庁なので、初日に訪問しないと枠が埋まってしまう可能性があります。2017年度に徳島へ組織の一部を移転しましたが、訪問先は霞が関の中央合同庁舎第４号館６階です。

2019年試験

2019年7月

	1	2	3	4	5	6
7	8	9	10	11	12	13
14	15	16	17	18	19	20
21	22	23	24	25	26	27
28	29	30	31			

3月～　合同業務説明会や独自の業務説明会に参加

６月の個別説明会は、業務説明の後受験生６人と職員１人での座談会だった。

7/10　１次試験合格発表

7/11　**訪問①**（拘束約12.5時間　面接７回）

- 個別面接／面接官１：受験生１　約20分
- 個別面接／面接官１：受験生１　約10分
- 個別面接／面接官１：受験生１　約25分
- 個別面接／面接官１：受験生１　約20分
- 個別面接／面接官２：受験生１　約10分
- 個別面接／面接官３：受験生１　約15分
- 個別面接／面接官２：受験生１　約10分

翌日の朝に電話で次回の訪問日時を指定される。

「来週連絡して改めて来てもらう」といわれたが、翌日の朝10時に「今日の午後から来られますか」と連絡が来た。

7/12　**訪問②**（拘束約６時間　面接７回）

- 個別面接／面接官１：受験生１　約10分
- 個別面接／面接官１：受験生１　約20分
- 個別面接／面接官１：受験生１　約20分
- 個別面接／面接官１：受験生１　約10分

●個別面接／面接官１：受験生１　約15分
●個別面接／面接官１：受験生１　約20分
●個別面接／面接官１：受験生１　約10分
後日、電話で次回の訪問日時を指定される。

最終合格発表後にまた来てほしいといわれ、終了。

8/20　**訪問③**（拘束約６時間　面接２回）
●個別面接／面接官４：受験生１　約10分
●個別面接／面接官２：受験生１　約10分
最終的な意向確認の後、内々定式で名前を呼ばれて内々定。

内々定式の後、消費者白書についての説明を受け、３年目の職員３人と座談会。その後１～２年目職員との飲み会があったが参加は任意だった。

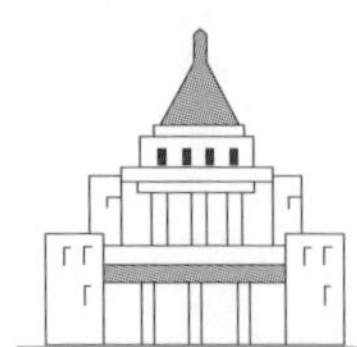

本省自体に行政職採用がない官庁

法務省

この官庁は、地方法務局や地方検察庁からの抜擢というかたちで本省勤務となるので、本省で１年目から採用されることはありません。

国税庁

この官庁は、各地方国税局からの抜擢というかたちで本省勤務となるので、本省で１年目から採用されることはありません。

気象庁

この官庁は、年によって採用があったりなかったりするので、ホームページなどで予定を確認してください。

地方支分部局（出先機関）について

人気のある経済産業局や地方整備局などは早め早めの訪問が必要です。検察庁や税関は独自の業務説明会を行うので、志望者は必ずこれに参加しましょう。民間経験者や20代後半の人は、地方支分部局のほうが採用されやすいのは事実です。また、あまり知られていない地方支分部局も多数存在しますから、合同業務説明会に参加して、いろいろな官庁の説明を受けることをおすすめします。

＼山ちゃんの／

「コア」が見つかる面接相談室

その5 求められる人物像を考えよう！

面接試験を控えているのに対策が一向に進まない受験生。カウンセリングを通じて面接に必要な「コア」をいっしょに見つけるシリーズです。

前回、「コア」を形成するうちの「❶自分の強み」についてはだいたい見えてきたね。次は、「❷受験先の政策・理念」を見ていこう。

はい、私は地元の市役所を志望していて、この「❷受験先の政策・理念」と「コア」との関わりがいまいちよくわからなくて…。

社会人経験のない学生さんにとっては、イメージしづらいところかもしれないね。例えば自治体の中には、採用希望者向けのHPにおいて、「求める人物像」を提示していることがあるね。

たまに見かけますね。「変化を恐れないチャレンジ精神」とか、「受け身でなく自ら考え行動する」とか。

受験先がこのように人物像を示している場合は、参考にしたほうがいいね。

山ちゃんのアドバイス

「求める人物像」は、受験先の採用案内のパンフレットや、採用希望者向けのHP内に掲載されていることがあります。一度確認してみましょう。

例えばある市役所の「求める人物像」は、中長期的な将来の事業で求められる人材から逆算している、と考えられる。

なるほど、だから受験先の政策・理念を見ておく必要があるんですね。

そういうことになるね。ちなみに、官公庁は中長期的な事業の計画を文書にまとめて示していることが多いけど、受験先の基本計画について目を通したことはあるかな？

いやー、一応見てみたことはあるんですけど、あまりピンとこないというか…。

例えば市役所だったら、自治体が抱えている課題はどこでもそれほど大きく変わらない。ただ、自分が関わりたい分野での、次の10年の計画については知っておいたほうがいいだろうね。

私は産業振興に関わる仕事をしたいと思っているので、それに関わる部分を見てみたのですが、そこに関わることと面接での自分の振る舞いをどう関連づけたらいいのかがわからないんです。

受験生には仕事を手に取ってからのことはまだ見えないから、それはある意味当然だよ。だから、ある程度推測も含めて自分のアピールポイントと結びつけていくしかないんだ。パンフレットでも基本計画でもいいけれど、産業振興のところにはどんなことが書かれていたのかな？

えーと、例えば、「既存の事業者の発展支援と新規事業者の集積を促進する」、とか…。

それってつまり、どういうことかわかるかな？

以前から市内にあった企業の発展を下支えしつつ、新たに企業が入ってきたいと思えるような場所になっていく…、ということ？

例えば地方に昔からある小さな企業だと、DX（デジタルトランスフォーメーション）の導入がうまく進まないために、事業が効率化できなかったり、新しいビジネスチャンスを逃したりしていることがあるかもしれない。そしてそのために環境を整備すれば、新規事業者を誘致してその役割を一部担ってもらうこともできるかもしれない…。

なるほど、そんなふうにイメージすることが大事なんですね。

じゃあ、そのような仕事に自分が関わりたい、と思っているいま、そこに求められる資質はどのようなもので、自分はどうやってそれを務めることができるか、と考えてみよう。

そうか、そこで「コア」の「❶自分の強み」とつながるんだ。うーん、企業と企業、人と人をつないでいく仕事だという気がします…。

うん、そんなふうに捉えていいと思うんだ。すると、自分の強みとうまく噛み合うポイントを見つけられないだろうか？

あっ、例えば、こんなふうに…。

❷受験先の政策・理念	❶自分の強み
企業と企業、人と人をつないでいく	みんなが笑顔になれる解決策を見つけることについて、あきらめない
・さまざまな主体の利害を調整することが必要 ・企業や市民、新たに参入してくれる主体のメリットを提示する必要 ・多様な関係者の利害を調整するため粘り強い交渉や打開策を考え抜く力が必要	・周りの希望に配慮しながらものごとを進めていける調整力 ・内外の関係者にとってより楽しい場を作りたい、と考える素朴な良心 ・簡単に答えが見つからない問題を投げ出さず、関係者の妥協点を見つけようとする知的体力

そう、確かに想像で補っている部分もあるけれど、受験先で求められる人物像と、自分が過去の経験を通じて培ってきた資質を結びつけて考えることができたね。

受験生への宿題

●あなたが受験先で関わりたい仕事はどのようなものですか？
●その仕事に求められる資質はどのようなものだと思いますか？
●あなたの強みを、その仕事でどのように役立てられると思いますか？

⇒281ページに続く！

第5章

私の面接・官庁訪問日記

Story 1

私の面接・官庁訪問日記

キャリアごと
否定された２つの試験…
でも自分を信じて
志を貫こう！
縁と運が待っているさ！

受験生プロフィール

- 会田　大さん（仮名・23歳・男性）
- 私立大学商学部卒業
- 某超大手損保会社に入社するが、６か月で退職
- 受験先・合否
  参議院事務局（不合格）　総務省（内々定）
  Ｋ省（不合格）　東京都（合格）
  国税専門官（合格）

新卒時代に敬遠していた筆記試験は楽勝

6/12　東京都の１次試験（５月10日）の発表日。手ごたえはあったものの、第一志望の第一関門突破でともかくホッとした。

6/14　国税専門官の１次筆記試験。

6/21　国家一般職の１次試験。自己採点の結果が良く、自信を持って官庁訪問の準備段階へ。幅広くいろいろな仕事に関わることができる省庁を探したい。

6/26　参議院事務局（以下、参事）の合格発表日（１次試験６月６日）。高倍率で自信はなかったけれど無事合格を確認。筆記試験をひと通り終え、新卒の就職活動時には敬遠していた公務員試験も、幅広く勉強できることが自分に合っていたと感じる。筆記が通れば後は得意の面接、何とかなるかな？

緊張しながらも、面接では経験を生かす

6/29　東京都の１回目の面接日。新卒の就職活動で面接の経験は積んでいるので、初対面の人に自分をアピールするという面接そのものへの不安はなかったものの、やはり緊張感は高まる。

９時から面接官３人の個別面接。アルバイト経験、学生時代にがんばったこと、どんな仕事をしたいかなど面接シートに沿って聞かれた。笑いもまじった20～30分で、民間企業の面接のときのような難しさはなかった。いろいろな分野で仕事ができる東京都で「人のためになる仕事」をしたい、と自分のコアもきっちり伝えられたと思う。

説明会で自分にカラーが合う省庁が見えてくる

6/30　予約していたＫ省の業務説明会に参加。Ｋ省といえば長時間労働のイメージがあったけれど、実際に働いている人の話を聞くと「好きでやっていることだから、労働時間が長くなるのはかまわない」と、仕事に誇りを持っている様子で好感を持つ。

7/1　出先機関の説明会。学生時代に公務員に対して抱いていた「ルーティンの仕事をキチンとこなしていく」というイメージそのものの雰囲気を感じる。省庁にもカラーがあるって、こういうことか…。

7/2　Ｋ省の政策別説明会に参加。前日の出先機関の雰囲気とはやはり違い、自分にはＫ省のカラーが合っていると感じる。

7/3 関われる仕事の幅が広いと思って興味を持った総務省の、全体説明会に参加。「行政評価」の仕事は、いろいろな省庁を見て採点するというところが、幅広く勉強してやりたいことを探る自分のスタンスに合っていると思った。

7/6 K省の、別の政策説明会にも出席。カラーに惹かれただけでなく、幅広くいろいろなことに関わりたいという自分のコアも叶う職場だと思う。

7/7 国税専門官の1次試験に合格。志望度は高くはなかったが、自信にはなる。

7/9 志望をK省と総務省に絞ろうと、官庁の説明会まわりを打ち切る。官庁訪問まで1週間、志望理由などをまとめることに時間を使おう。

会社をやめたことを感情的に突っ込まれて…

7/10 参事の2次試験は、受験生5人に対して面接官3人の集団面接。志望理由などは聞かれなかった。むしろ、防犯カメラの設置推進への賛否を聞かれるなどロジカルトークの力をみられる。ここは問題なかったものの、次の個別面接で撃沈。若い人事担当者に、前職のことを厳しく突っ込まれたのだ。新卒で就職した大手損保会社について「自分も行けるものなら行ってみたかったです

よ！」といわれるなど個人的な感情も入っていたようだが、入社6か月でやめたことに反感を持たれた模様。やめた理由や仕事に対する自分の考えを説明しても、まったく理解されなかったようで、「ご縁がなかった」。志望度はそれほど高くなかったものの、自分のキャリアを否定されたようで気分が落ち込んでしまった。

7/15　国家一般職の合格発表日。合格を確認してから官庁訪問の予約のための電話がけ開始。受付開始の14時から２回かけてつながらなかったので、面接の時間帯は遅くなってもいいといったん中止し、15時半くらいに改めて電話。まずＫ省を初日の12時に予約した。総務省は予約なしで訪問できるので、Ｋ省に落ちた段階で駆け込む算段をつけた。

7/16　合同業務説明会に出席。内容はパンフレットに書いてあることがほとんどで、新たな収穫はなかった。

前職のことをうまく伝えられずに苦戦

7/17　参事の不合格があったものの、それほど緊張せず迎えられたＫ省の官庁訪問当日。会場到着後に面接カードを書き、提出順に呼ばれる。

面接①　集団面接／面接官１：受験生３　約30分

フランクな雰囲気で志望理由やどんな仕事をやりたいかを聞かれる。学生時代のことは聞かれても前職のことは触れられなかった。

一緒に面接を受けた学生のような初々しさが自分にはないぶん、社会人生活で磨いた論理的な話し方でアピールしなくては!!

いろいろな働き方ができるＫ省でさまざまなものの見方をする仕事がしたいという志望理由を理詰めで語ったが、やはり集団面接は少しやりづらい。

退室時に一人ずつ声をかけられて、次に進めることを伝えられる。

面接②　個別面接／面接官２：受験生１　約30分

１次面接とさほど変わらない質問の後、前職について聞かれる。「なんでやめちゃったの？　普通やめないでしょ」と突っ込まれ、参事のときの苦い記憶がよみがえってしまった。ただ今回は面接官の雰囲気がよく、途中で笑いも起こったので手ごたえは感じた。

面接③　個別面接／面接官２：受験生１　約30分

志望理由など基本的な質問もあったが、50代前半くらいの面接官には前職のことしか聞かれなかった。やめた理由を首をひねりながら聞いていた様子に、「落ちたかな」と思った。

他の受験生はその場で合否が知らされていたみたいなのに、自分だけそのまま帰された。合否判定でもめていることは予想できたし、もめてるということはダメってことか…。帰り道は暗く重い気持ちになる。夜中の０時30分に電話がかかってきて、「協議したけれど、ご縁がなかった」と伝えられても「やっぱり…」という感じ。一日中張っていた気持ちが急激にしぼむのがわかった。

キャリアを否定されての不合格に自信喪失

7/18　丸一日拘束された挙げ句の果て、不合格。しかも自分のキャリアを否定されて落ちたのだと思うと、自信をなくす。今までのキャリアは変えようがないのに、参事とＫ省と続けてそこを突っ込

まれ、立て続けに落ちてしまった。これではどこを受けても落ちてしまう、自分の選択は間違いだったのか？　このまま就職できなかったらどうしよう…とどんどんマイナス思考の深みにはまっていく。

本来ならば次の候補の総務省をできるだけ早く訪問しなければならない状況なのに、どうせ受けても落ちるだろうと思うと身体が動かない。何だかすべてが面倒くさくなってしまって、結局、一日家でゴロゴロしてしまう。

ところが、何も考えずに本を読んで心身ともにリラックスするうちに、後ろ向きの気持ちがリセットされてきた。逃げ腰のままでは、うまくいくはずのものもダメになる！　そうだ、K省と参事で否定されたキャリアはそもそもが、自分で幕を引いたものなんだ。次に公務員を目指そうと思ったのは自分自身なんだ。こうしている場合ではない。もう一度自分を信じて明日、総務省へ行こう。

7/19　９時に総務省へ。官庁訪問３日目ながら人はまだ多い。

面接①　集団面接／面接官２：受験生５　約10分

１時間ほど待ったあと、志望部門を確認するだけの簡単な面接。

面接②　個別面接／面接官１：受験生１　約40分

ふるいにかけるような質問はなかったが、併願内容を確認されたので東京都志望を伝える。

面接③　原課面接３回／希望する部門の職員３人と各30分

前職については「きつかった？」と興味本位に聞かれる程度で、こちらの話をよく聞いてくれた印象。質問にも詳しく答えてくれて、面接というよりOB訪問みたいだった。

原課面接で待ち時間が約１時間ずつあったので17時過ぎに終了、「あさっての朝９時に来てください」と言われた。次の面接ではふるいにかけられると思ったので、改めて総務省のパンフレットやネットを確認。いつのまにか気持ちはすっかり前向きになっていた。

7/21 **面接①②③　個別面接／面接官１：受験生１　３回　各30〜40分くらい**

前回同様、約１時間の待ち時間を経て原課面接。面接官の年齢が上がるものの、聞かれる内容は同じようなことだった。

面接④　個別面接／面接官３：受験生１　約45分

総務省ではここで初めて、前職についてかなり突っ込まれた。ただ「なるほど、そういう考え方もあるのか」など、こちらの話をちゃんと聞いてくれる雰囲気があり、話が通じている手ごたえがあった。

最後に控え室で「明日の昼に来てください」といわれ、きつい面接を乗りきった充足感と共に帰宅。ここまできたら何とかなるのでは…。

7/22 13時集合の後、10分ぐらいで呼ばれる。

面接①　調査官面接／面接官１：受験生１

冒頭に「これで面接は最後になります」といわれ、決定権を持つ人の最終確認の場なのだと感じる。仕事内容を説明してくれたり、民間経験者の採用に積極的であると語られたり…これで決まりかな？　と思うも「結果は今日中に電話します」と帰された。ドキドキして待っていたら「明日の昼に来てください」という電話連絡で、内々定とはいわれなかった。

ついに内々定、自分が受け入れられた喜び

7/23　最終面接をしてくれた調査官と人事の人から「内々定です」と伝えられる。参事・K省と２回続けて自分のキャリアを否定されてきたので、こうやって受け入れてくれる人もいるんだ、と喜びがこみあげてきた。この場で総務省に決めちゃいたいと思うほど嬉しい！　東京都と迷っていることを伝えていたので「総務省に来てほしい」と説得もされたけど…ここは冷静になって、東京都の結果が出てからよく比較しなければ。

建物を出て、まずは母親の携帯に電話して内々定の報告。会社をやめたとき自分より心配してくれていた母ながら、仕事中だったせいかあっさりとした反応。「で、夕飯はうちで食べるの？」だって…。（笑）

午後は国税専門官のために税務署訪問を駆け込みでさせてもらった。明日が面接だ。

7/24　国税専門官の２次試験、面接。

開き直ったら、いいたいことをしっかりいえた

7/29　東京都の３次面接（現在では２次面接まで）。面接官３人との個別面接で約40分、前職の内容とやめた理由をメインに聞かれた。東京都の仕事でも前職と同じようなストレスがあるけど大丈

夫？　など、厳しい質問を笑顔でズバッと聞かれやりづらかった。しかし「縁がなければ総務省に行けばいい」と開き直っていたせいかいいたいだけいい、悔いのない面接となった。

8/5　国家一般職の人事院面接。

緊張の合格発表、そして深い悩みの始まり

8/7　ついに東京都の発表日。最終面接がよくわからない感じで終わったので、これまでで一番ドキドキしながらホームページを確認。自分の番号を見つけることができて、とにかく嬉しい！　のひとこと。

ただこの日、総務省から東京都の結果を問い合わせつつ説得される電話があり、嬉しいといってばかりもいられない現実に引き戻される。当然だけど、早くどちらかに決めなければならないのだ。

そして、ここから悩みに悩む日々がはじまった。「幅広くいろいろなことに関わりたい」という同じコアをアピールしていながらも、キャリアごと否定されることが続いた後で受け入れてもらった総務省と東京都だけに、どちらにも縁と運の強さを感じる。ただ、改めて考えると、自分は幅広い行政に関わるだけで満足なのか…。ゼロから作り出す仕事をするところまでいきたいのでは、と疑問が生じはじめたのだ。

8/21　東京都に続き、国家一般職も最終面接後正式に合格（国税専門官も合格）、もう猶予はない。自分の悩みどころを直接ぶつけようと総務省の担当者に面談を願い出ると、すぐ翌日にセッティングしてもらえた。自分が惹かれた行政評価という仕事の詳細を聞き、総務省から他の省庁に転籍して政策を作る側にまわることはめったにないとわかる。生じた疑問はだんだん確信に変わってきた。自分がやりたいことは人のためになる仕事、それを「ゼロから作り出す」ことだったのだ。東京都で同じことを確認してから最終判断をしようと、８月中の返事を約束して帰る。

将来やりたい仕事に関われる可能性を信じて

8/28　東京都の説明会に出席。役職・地位が上がっていけば政策を作る側にまわる可能性があるとわかり、東京都への志望が固まる。もともとの志望理由である「幅広い仕事ができる」こと、それだけでなく「ゼロから作る仕事もできる」東京都こそが、自分の進むべき場所なのだ！

9/1　総務省に赴き、正式に辞退。理解されにくい自分のキャリアを「そういう決断もありだよね」と受け入れてくれ、最後まで自分の迷いに付き合ってくれる人と出会えた総務省なので、寂しさを伴う辞退だった。この経験を糧に、東京都で新しいキャリアを積んでいこう！

Story 2

私の面接・官庁訪問日記

伝えるべきことの軸足が固まって面接が怖くなくなったとき、内々定が見えた

受験生プロフィール

- 福井　恵子さん（仮名・24歳・女性）
- 私立大学理学部卒業見込
- 受験先・合否
  国土交通省（内々定）
  S市（合格）　特別区（新宿区）（合格）

第一志望、まずは1次試験通過でひと安心

6/15　特別区の1次試験の発表日。5月の試験前は勉強したくてしょうがなくて、夜中まで試験勉強していても不思議と全然眠くならなかった。それくらい思いが強かった第一志望の特別区、発表のホームページ画面をあけても、下を向いてしまってしばらくみられなかったほど。

「あれだけ勉強したんだから大丈夫」と思うし実際に点数は結構とれていたものの、やっぱり「受かってなかったらどうしよう」と不安な気持ちにもなる。エイッと思い切って顔をあげて、確認。良かった、合格してました！

6/17　国家一般職の1次試験。特別区ほど勉強しなかったけれど、逆に特別区の1次試験をパスできているので落ち着いて取り組むこ

とができた。

6/24　Ｓ市の１次筆記試験。これで筆記試験は最後なので、自分の力を出し切るぞ、と思って臨んだ。

道に迷って大ピンチ！　遅刻すれすれ滑り込み

6/28　特別区の１回目の面接の日。ゆうべは眠れなかった。第一志望の大事なステップということもあるし、面接そのものに漠然とした恐れを感じていた。なにせ敬語を使うのも久しぶりなのだ。「面接は会話だ」との話を思い出し、面接官の人と会話してこようと思ったら少し気持ちが楽になって、いつのまにか眠りについていた。

朝は、９時30分からの面接にも余裕をもって起きられ、面接会場の最寄り駅に９時には着いた。のに…なんと…道に迷ってしまったのだ！　駅からしばらく歩き、そろそろ着いてもいい頃なのに会場らしきものが見当たらない。嫌な予感とともに地図を見直すと、会場とはまったく逆方向に来てしまっていた。時計を見ると９時25分、タクシーで行くしかない。でも方向を再確認しなくてはと思って道を聞いた人が、救いの神様になってくれた。

「面接、何時からなの？」「９時半なんです〜」「連れてってあげるよ、車出してあげる！」…なんと、会場まで車に乗せていってくれたのだ。時間ギリギリの到着だったけれど、受験生の列ができていて受付までに時間がかかっていたので、遅刻した感じではなかった。見ず知らずの人の親切に、本当に助けられた。

ピンチを乗り越え面接も無事終了

とんだハプニングに、面接のことを考える余裕もなく会場入り。激しい動悸をおさえて待合室に行くと友達がにこやかに声をかけてくれ、やっとドキドキが落ち着いてきた。改めて面接へと気持ちを高めようと思ったが、この状況で面接と意識しすぎると失敗すると思ったので「会話しよう。しっかりお話できれば、大丈夫」と自分を落ち着かせることに集中した。

30分ほど待って名前を呼ばれた。面接官の前に立ったときは新たな緊張感で震えていたけれど、男性の面接官が二人とも優しい雰囲気で、話し始めたらふだんの自分に戻ることができた。質問の内容も面接カードに沿って、「これまで最も力を入れて取り組んだこと」「プレッシャーを感じた出来事」と自分のことを話せばよかったので、イメージしていたように楽しく会話する感覚で終えることができた。

我ながら迷子と遅刻ギリギリというピンチに負けずによく乗り切ったものだと、見知らぬ人の親切にも感謝しながら家路に着いた。

7/4 S市の1次筆記試験に合格。

7/7 特別区の2回目（現在では1回）の面接に備えて、新宿区内を歩いてみた。1回目の面接は自分のことをしゃべればよかったけれど、次は志望区である新宿のことを知ったうえで「こういう仕事をしたい」と具体的に語らなければならない。面接で伝えるべき「自分のコア」（第2章1参照）に具体性を持たせつつ私らしさを出すためにも、自分の足と目で確かめる情報収集は重要だ。

街中を意識して歩いてみて目についたことは、夕方に住民がパトロールしている姿だったり、川の堤防や公園がきれいに整備されている様子だったり。ホームページを見ていたら公園にドッグランを作ることなど、新しい発見がいろいろあった。そうやって普通に生活している人の姿をみて、その人たちの生活を守りたいという気持ちが強くなった。街の様子を肌で感じたことで、考え方の軸をはっきり意識できるようになったのだ。「安心・安全」…これが私のコアとして伝えるべきことだ。

伝えたいことがありすぎ、しゃべりすぎで失敗

7/11　特別区の２回目の面接日。ゆうべはまた眠れなかった。どうしても面接のことが頭の中をぐるぐるまわって目がさえてしまう。でも面接なのだから寝不足でお化粧のノリが悪くなるのは絶対ダメだと思い、面接以外のことを考えてなんとか眠りについた。

そして朝、緊張するどころではないくらい気持ちが高まっているのが自分でもわかった。街を歩いていて見えたこと・やりたい仕事など、しゃべりたくてしかたないことが自分の中にたまっている。

面接が始まってからもそのままのテンションで、長々としゃべりすぎてしまった。面接官から何度も「で、結果はどうだったの？」と突っ込まれ、いいたいことを簡潔に伝えられていないとわかる。にこやかに始まったのに、最後は面接官にため息をつかれてしまった。失敗だ。この２回目の面接では振り落としが掛けられるはず…もうダメかもしれない。明日の国家一般職をがんばらなくちゃ、と後ろ向きな理由で気合が入る。

7/12　国土交通省（以下、国交省）の業務説明会へ。官庁訪問の予約のための電話番号を教えてもらえた。メールでも予約できるらしいが、やはり説明会に参加した人だけが教えてもらえたこの番号に電話をかけて、熱意をアピールしなくては。

官庁訪問の予約、電話がなかなかつながらない！

7/17

国家一般職の合格発表。無事合格を確認し、次は官庁訪問の予約だ。14時からの予約スタートに備えて友人たちにもスタンバイしてもらっていた。電話回線が１本しかないというウワサ通り、複数の電話を使って電話しまくっているのに、なかなかつながらない。**20分くらいかけ続けてようやくつながり、19日の朝イチに予約がとれた！**

みんなでコンサートのチケット予約をしているノリだった気もするけれど、友情に感謝。友人たちの「いい時間に予約がとれたことだしがんばるしかないでしょ！」という応援に、気持ちが引き締まってくる。

7/18

国家一般職の合同業務説明会へ。国交省の説明会は先週、独自のものに出席しているので、視野を広げるためにもいろいろな官庁の話を聞いてまわった。自分のコアとして持っている「安全」に関係する仕事の話が聞けるかと思って農林水産省のブースに行ってみたけれど、**「食の安全」につながる話は聞くことができず、ピンと来なかった。**

ひと口に「安全」といってもいろいろあることがわかり、私がやりたい仕事はやはり国交省にあるんだと再確認できた。

官庁訪問、初日から拘束12時間！

7/19

朝から国交省へ官庁訪問。８時30分過ぎに着いたら、もう10人ぐらい並んでいた。**受付後、訪問カードを書くことを知ってビックリ。**しかも提出順に面接が始まるということで焦ってくる。志望度の違いがあったとはいえ情報収集など準備が足りなかったことに今さら気づき、緊張感が高まってくる。受付開始時刻には受験生が30人以上並んでいたので、とにかく早く面接を受けてしまいたいという思いで訪問カードを早く書くことに集中した。

面接①　個別面接／面接官１：受験生１　約20分

最初の面接は10時スタート。志望理由など訪問カードに沿ってオーソドックスな質問をされる。面接官は気さくな人で雰囲気は良かったけれど、メモを一切とらずに顔を見ているので、受け答えをチェックされていると感じた。

面接②　個別面接／面接官１：受験生１　約30分

２時間ほど待って13時30分から次の面接。周囲の受験生と話す雰囲気もなく、いつ呼ばれるかわからないので気が抜けない待ち時間だった。でも面接の間は楽しく会話できたと思う。

面接③　個別面接／面接官１：受験生１　約30分

またもや４時間以上待って18時過ぎからこの日最後の面接。長い待ち時間はパンフレットを読んで過ごしていた。なごやかな面接終了後さらに待たされて、「21日にもう一度来てください」と解放されたのは20時40分。時計をみて拘束12時間ってことか、と気づいた途端どっと疲れを感じた。

再び長い長い待ち時間、状況がわからず疑心暗鬼に

7/21　官庁訪問２日目。今日はどれくらい待たされるのかな、などと考えていたら１回目の面接はすぐに始まった。

面接①　個別面接／面接官１：受験生１　約30分

初日と同じように、面接官がメモをまったく取らない。はじめは自分の話していることが伝わっているのかわからなくて不安だったけれど、メモを取らないということは私の態度をみているんだと思い、熱意が態度に表れるように堂々と話すようにした。

この面接が終わったのが10時過ぎ。そして次に呼ばれたときには、もう16時をまわっていた。覚悟していたとはいえこの待ち時間は、閉塞感に満ちた軟禁状態。整理番号は与えられたけれど呼び出しはランダムな感じで、いつ呼ばれるかわからず緊張が途切れない。ふと弱気になってダメならダメで早く切って帰らせてほしいと思ったり、これだけ待たされているんだからイケるのでは、と期待したり。これまでの面接を思い返しても、面接官がどこをみていたのかわからないから、「あれでよかったのかな」と疑心暗鬼になるのだった。

会場外に飲み物を買いに行ってもいいなど雰囲気はいいはずなのに、何ともいえない圧迫感があって、時間がよりいっそう長く感じられた。省内見学でもさせてくれればいいのに。

内々定がわり（？）の名刺を渡されて

面接②　個別面接／面接官１：受験生１　約20分

これまでの面接同様、意地悪な質問はされないし話しやすい雰囲気。自分でもここまで来ると「何を聞かれてもこわくない」状態になっていた。これまでの官庁訪問の中で「私は安心・安全のための仕事をしたい」というコアが軸足として固まって、相手や状況に応じて伝えられるようになったのだと思う。待ち時間に襲われた弱気や不安も、面接が始まると不思議と消えていた。

そして面接が終わると16時半、これが最後の面接だったかな？　と期待するも、また待たされる。

19時過ぎになって「23日にもう一度来てほしい。うちとしては決めています」といわれたときは、どう反応していいかわからなかった。これって内々定ってこと？　その前の内々々定ぐらい？　などと考えていたら腑に落ちない表情になっていたようで、「不安だろうから」と名刺を渡された。

こうして庁舎を出たとき時計は19時30分。やっと１日が終わった！　という解放感はあっても「よし、決まった！」という達成感はなし。渡された名刺をもう一度眺めながら、最後まで気を抜いてはいけないと思った。

求められることは幸せなこと、国交省に気持ちが動く

7/23　国交省へ通うこと３日目。ただこの日は朝から今までとは違う、ソファのある部屋に案内される。面接もこれまでと違って「国交省はいい職場だから、併願のＳ市とかに行かないで、うちにおいで」と説得された感じだった。終わって部屋に戻ったときにはじめて「あ、ここは“内々定部屋”なんだ」と実感できた。

そしてその後、19時30分頃まで拘束される。他の省庁をまわらせないための囲い込みらしいが、長い待ち時間も内々定を手にしたことでこれまでとは比べものにならない穏やかな気持ちで過ごすことができた。

国家公務員として関われる、全国にわたる大きい仕事に思いをはせる。防災の仕事をしたい私にとって、河川も道路も住宅も管轄している国交省の仕事は他の省庁にはない魅力がある。そして何より「来てほしい」といってもらえる喜び…最後に職員の方から「うちにおいで」と握手を求められたときは「国交省で働こう！」と強く思っていた。

7/25　S市の論文試験。

8/1　S市の集団面接。挙手制、指名制入り混じった形式にとまどったけれども、質問内容は一般的なもので、考えていたことはいえたと思う。

8/3　特別区の最終発表の日だったけれど、人事院面接が午前中にあったので確認しないまま会場へ。通常15分くらいの面接であるはずなのに、欠席者が多かったからということで30分近くの長い面接だった。難しい質問もなく無事終了。家に帰って特別区の発表をみようと思っていたら、友人が先に確認して「受かってるよ」と電話をくれた。もちろん嬉しかったけれど、このときは気持ちが国交省に傾いたままだった。

2人の男性からプロポーズ!?

そんな気持ちのところへ、すぐに新宿区からも提示があった。国交省に惹かれていながら、やっぱりすごく嬉しい。どうしよう、好きな男性2人から同時に結婚しようっていわれたみたい！　どちらかを選んだら、当然だけどもうひとりを諦めなきゃいけないのだ。私のこと好きっていってくれているのにそんなことできない！　って、心からそう思ってしまった。どうしよう。

8/6　S市の個別面接。追って合格通知！

うわべだけではない新宿区の魅力を再確認

新宿区の面接対策として、改めて新宿の街を歩いてみる。もともと新宿でよく遊んでいて好きな街ではあったけれど、自分の職場となるかもしれないと思ってみると、新しい発見があるものだ。政策面でもこんないいところがある、でももっとこういうこともできるのに、などと歩きながら考えてしまう。

今まで新宿の繁華街とか神楽坂とかメジャーな場所のうわべしかみていなかった自分にも気づきつつ、改めてみても大好きだと思える新宿。ここで安心・安全に関わる仕事がしたいという気持ちを改めて確認できた。でもそれが独りよがりではなく新宿区で本当に求められていることか、10年後20年後にもそれが役立っているか長い目で検証したうえで、面接で伝えるようにしなければ。

国交省の仕事に気持ちが揺れ動いたとき、防災や安全・安心という私のコアを国交省の国レベルの大きな仕事にあてはめて考えた。その対比として区レベルでできることを考えられるようになったことも、官庁訪問の大きな収穫といえるかも。

8/17　新宿区の採用面接。とはいえ国交省への思いもまだ捨てがたく「新宿区も受かっておきたい」という気持ち。街を歩いていて気づいたことを、今度はしゃべりすぎることなく適度な熱意を交えて伝えられたと思う。面接に慣れると、伝えるべきコアを相手や状況に応じてうまく翻訳できるようになるのかもしれない。

悩みに悩んで、住民と直に向き合う新宿区へ

8/22　外出先で電話が鳴って、新宿区からの合格通知！　思わずスキップしていた私。その場にいた友達に祝福してもらい、両親にメールして盛り上がり、お世話になった先生にもメールして喜びを実感する。

そして、選択のときでもある。国交省と新宿区、両方受かって

改めて「どちらにしようか」と落ち着いて考えられた気がする。でも本当に本当に、悩んだ。

そもそもなぜ国交省に惹かれるようになったのか。「来てほしい」といわれただけで？　自分は国の大きい仕事がしたいのか？

たしかに国交省の仕事はどれをとっても大きいけれど、その大きさゆえにリアリティのある感じがしなかった。一生続けていく仕事として考えても、住民をみて仕事をするほうが自分には合っているんじゃないかと思った。そして何より新宿区が好きだという気持ち、勉強をがんばっていたときに「特別区に受かりさえすれば、ほかは落ちてもいい」と思っていた初心を思い出して、決めた。

大好きな新宿をもっといい街にしよう！

\山ちゃんの/
「コア」が見つかる 面接相談室

その6 10年後の自分を思い描こう！

面接試験を控えているのに対策が一向に進まない受験生。カウンセリングを通じて面接に必要な「コア」をいっしょに見つけるシリーズです。

先生のおかげで、だいぶ自分の「コア」がくっきりしてきました！

ここまで分析してきたことを、一度整理してみよう。

「コア」の考え方
❶ 自分の強み　❷ 受験先の政策・理念　❸ 理想の公務員像

このうち、❶と❷についてはだいぶ答えがはっきりしてきたね。❶は自分自身のことであるのに加えて「過去」のこと、❷は受験先のことであるのに加えて「現在」のこと、❸は自分自身と受験先を合わせたことであるのに加えて「未来」のこと、という具合に整理することもできるんじゃないかな。

❶ 自分の強み	【自分／過去】
❷ 受験先の政策・理念	【受験先／現在】
❸ 理想の公務員像	【自分・受験先／未来】

なるほど、最後は❶❷を携えて仕事をするようになった自分が、将来どのような存在になっていたいか、というイメージを持っておく、ということなんですね。

そうだね。❶と❷の輪郭をきちんと持っておけば、それほど難しくないはずだよ。今回は「10年後」という時点を決めて、その段階での未来予想を、「社会」、「自分自身」の両面から考えてみよう。まず社会から。

10年後か…おそらく少子高齢化はいまよりも進んで、何も対策をしなかった場合地域の産業はどんどんやせ細っていくかも。そうすると雇用も安定せず、若者はどんどん都市部に出て行ってしまい、産業の担い手もさらにいなくなってしまう…。

産業振興に関わりたいと思っている受験生の視点で考えて、そのような時代に自治体に求められるのはどんなことだろう？

その自治体に居続けることや、その自治体に外から入ってきたいと思えるような、「そこでなければいけない理由」を持たせること、でしょうか？

自治体にとって資源を活用して魅力を高め、存続していくということは大事なテーマだけれど、それがより強く求められるようになるかもしれないね。じゃあ、そのために自分自身はどのような存在になるべきだろうか？

10年後というと何度か異動も繰り返しているから、さまざまな面から市の行政の仕組みや問題点がわかってくるはずですね。

そうだね。一般的に公務員は若いうちに、異動を繰り返していろんなポジションを与えられながら経験を積んでいくから、自分の志望している業務分野があるとしても、「ずっとその分野の仕事に関わり続けて10年経った自分」という想定は都合がよすぎるかな。

むむむ…、「コア」は❶と❷と❸が三位一体となったものだと考えると、常に自分の携わる仕事について学び続け、市に関わる人々の問題を解決するためのプロとして成長していく、というのが理想かなという気がします。

そう。抽象的でもいいんだけれど、❶や❷と響き合っていることで説得力が生まれ、受験生自身の人物像がくっきりしてくるんだ。これで「コア」ができたといっていいんじゃないかな。

❶ 自分の強み　【自分／過去】
みんなが笑顔になれる解決策を見つけることについて、
あきらめない
❷ 受験先の政策・理念　【受験先／現在】
企業と企業、人と人をつないでいく
❸ 理想の公務員像　【自分・受験先／未来】
常に自分の携わる仕事について学び続け、
市に関わる人々の問題を解決するためのプロとして成長していく

最初はまったく見通しがなかったのに、先生に相談しながら自分の中にくっきりとした「コア」があったことに気づくことができました。ありがとうございます！

あとは面接練習をしっかり積んで、いい報告を待っています。がんばって！

山ちゃんのアドバイス

「コア」は質問回答の幹になるものです。「コア」についてじっくりと多角的に検討しておくことで、結果的に角度の違った質問にも対応できるようになります。ぜひ時間をかけて分析し、自分らしい面接ができるようになってください。

最終章

山ちゃんがこっそり教える「最後の秘伝」

さて、これまでいろいろな側面から面接試験について述べてきましたが、これが最後の「秘伝」です。

○自分の良さが少しでも出せればいいな、という感覚を持とう

皆さんは面接官に良い印象を与えようとして、とにかく武装して面接に臨みがちです。でも、面接官も十人十色、作り物ではとうてい敵わない人もいます。無理して向こうに合わせようとしても、しょせん無理な話なのです。では、どうすればよいのでしょう。答えは1つ、これまでの準備で見出すことができた「自分の良さ」が少しでも出せるようにすればよいだけです。相手がどんな面接官であろうと、皆さんの良いところは不変のはずです。それを少しでも出せればいいな、という感覚で面接に臨んでください。

○お話をする、という感覚を持とう

確かに面接試験は試験です。しかし、何度もお話ししたように、「仕事仲間」としてふさわしいかどうかをみているのです。一緒に職場で働くときに、最も必要なものは？　そうです、きちんとお話しできるということなのです。相手の反応をうかがいながら、相手の質問の意向をくんでお話しするように答える。これが、必要なのです。

○その機関（省庁・自治体）で働きたいというワクワクする気持ちを持とう

これは当たり前じゃないかと思われるかもしれません。でも、皆さんのその気持ちって「その機関に入りたい」という熱い気持ちでしかないのではないでしょうか？　第1章の冒頭にも掲げましたように、面接試験は「仕事仲間」を選別する試験です。ということは、面接官は、皆さんがその機関でどのように働きたいのかを最も知りたがっているわけです。試験に合格することはゴールではなく、スタートでしかありません。皆さんが、その機関のどのような部署でどのように仕事をしていきたいのか、これはつまり社会とどのように関わっていきたいのか、と同義です。それこそが、仕事をしていく当事者の意識にほかならないからです。皆さんの将来は無限に開けています。自分の可能性を信じて、自分がどうありたいのかを主体的に考えてくだ

さい。するとワクワクするはずです。そのワクワク感が、面接官の目には、皆さんが「仕事仲間」として活動する姿として映り、合格という新たなスタートを皆さんに与えてくれます。

以上の３つが、最も必要な心がけです。試験直前にでも、この３つを思い出してくだされば、合格は間違いなしです。

あとがき

皆さん、いかがでしたか？

まずは、ここまで読んでくださった皆さんに感謝の意を表します。ありがとう。

本書を読んでくだされば、面接のためのインプットは万全です。あとは、本書で得たメソッドを用いて、皆さん自身が考えていく番です。「考えるに勇。断ずるに怯。」自分に限界を作らずに、伝えたい「自分のコア」を考え抜いてください。よって、これからが肝心ですよ。

そして本番では、考え抜いたことに自信を持って、面接官に「仕事仲間」として認められるための「お話」をしてきてください。もしピンチに陥ったら、そこでこそ「自分のコア」の出番です。目の前に千尋の谷のようなピンチが立ちはだかっても、「自分のコア」を信じて一歩踏み出してください。その一歩がエネルギーとなって、必ず皆さんを救ってくれるはずです。

皆さんが、良き公務員として、良き社会を導いてくれると信じています。がんばってください。

山下純一

『面接の秘伝』読者特典！

～　過去の集団討論・グループワークの課題をご覧いただけます。

過去の集団討論・グループワークの課題につきまして、TAC出版書籍販売サイト「TAC Cyber Book Store」にて公開しております。

こちらもあわせてご活用ください。

ご利用の手順

①「TAC Cyber Book Store」（https://bookstore.tac-school.co.jp/）にアクセス

こちらのQRコードからアクセスできます

②「書籍連動ダウンロードサービス」の「公務員」から、該当ページをご利用ください。

⇒　この際、次のパスワードをご入力ください。

202510910

編集協力：夏目昌

2025年度版 公務員試験 面接の秘伝

（2009年度採用版　2008年 3 月15日　初版 第 1 刷発行）

2024年 1 月25日　初　版　第 1 刷発行

編著者　TAC株式会社（公務員講座）

発行者　多田敏男

発行所　TAC株式会社　出版事業部（TAC出版）

〒101-8383
東京都千代田区神田三崎町3-2-18
電話　03(5276)9492（営業）
FAX　03(5276)9674
https://shuppan.tac-school.co.jp

印　刷　株式会社ワコー

製　本　東京美術紙工協業組合

ISBN 978-4-300-10910-6
N.D.C. 317

乱丁・落丁による交換，および正誤のお問合せ対応は，該当書籍の改訂版刊行月末日までといたします。なお，交換につきましては，書籍の在庫状況等により，お受けできない場合もございます。
また，各種本試験の実施の延期，中止を理由とした本書の返品はお受けいたしません。返金もいたしかねますので，あらかじめご了承くださいますようお願い申し上げます。

公務員講座のご案内

大卒レベルの公務員試験に強い！

2022年度 公務員試験

公務員講座生[※1]
最終合格者延べ人数[※2]

5,314名

国家公務員（大卒程度）	計2,797名
地方公務員（大卒程度）	計2,414名
国立大学法人等 大卒レベル試験	61名
独立行政法人 大卒レベル試験	10名
その他公務員	32名

※1 公務員講座生とは公務員試験対策講座において、目標年度に合格するために必要と考えられる、講義、演習、論文対策、面接対策等をパッケージ化したカリキュラムの受講生です。単科講座や公開模試のみの受講生は含まれておりません。
※2 同一の方が複数の試験種に合格している場合は、それぞれの試験種に最終合格者としてカウントしています。（実合格者数は2,843名です。）
＊2023年1月31日時点で、調査にご協力いただいた方の人数です。

1位 全国の公務員試験で合格者を輩出！

詳細は公務員講座（地方上級・国家一般職）パンフレットをご覧ください。

2022年度 国家総合職試験

公務員講座生[※1]
最終合格者数 **217名**

法律区分	41名	経済区分	19名
政治・国際区分	76名	教養区分[※2]	49名
院卒／行政区分	24名	その他区分	8名

※1 公務員講座生とは公務員試験対策講座において、目標年度に合格するために必要と考えられる、講義、演習、論文対策、面接対策等をパッケージ化したカリキュラムの受講生です。単科講座や公開模試のみの受講生は含まれておりません。
※2 上記は2022年度目標の公務員講座最終合格者のほか、2023年度目標公務員講座生の最終合格者40名が含まれています。
＊ 上記は2023年1月31日時点で調査にご協力いただいた方の人数です。

2022年度 外務省専門職試験

最終合格者総数55名のうち
54名がWセミナー講座生[※1]です。

合格者占有率[※2] **98.2%**

外交官を目指すなら、実績のWセミナー

※1 Wセミナー講座生とは、公務員試験対策講座において、目標年度に合格するために必要と考えられる、講義、演習、論文対策、面接対策等をパッケージ化したカリキュラムの受講生です。各種オプション講座や公開模試など、単科講座のみの受講生は含まれておりません。また、Wセミナー講座生はそのボリュームから他校の講座生と掛け持ちすることは困難です。
※2 合格者占有率は「Wセミナー講座生（※1）最終合格者数」を、「外務省専門職採用試験の最終合格者総数」で除して算出しています。また、算出した数字の小数点第二位以下を四捨五入して表記しています。
＊ 上記は2022年10月10日時点で調査にご協力いただいた方の人数です。

WセミナーはTACのブランドです

公務員講座のご案内

無料体験入学のご案内

3つの方法でTACの講義が体験できる!

教室で体験 迫力の生講義に出席

予約不要! 最大3回連続出席OK!

1. 校舎と日時を決めて、当日TACの校舎へ

TACでは各校舎で毎月体験入学の日程を設けています。

2. オリエンテーションに参加(体験入学1回目)

初回講義「オリエンテーション」にご参加ください。体験入学ご参加の際に個別にご相談をお受けいたします。

3. 講義に出席(体験入学2・3回目)

引き続き、各科目の講義をご受講いただけます。参加者には体験用テキストをプレゼントいたします。

- 最大3回連続無料体験講義の日程はTACホームページと公務員講座パンフレットでご覧いただけます。
- 体験入学はお申込み予定の校舎に限らず、お好きな校舎でご利用いただけます。
- 4回目の講義前までにご入会手続きをしていただければ、カリキュラム通りに受講することができます。

※地方上級・国家一般職、理系(技術職)、警察・消防以外の講座では、最大2回連続体験入学を実施しています。また、心理職・福祉職はTAC動画チャンネルで体験講義を配信しています。
※体験入学1回目や2回目の後でもご入会手続きは可能です。「TACで受講しよう!」と思われたお好きなタイミングで、ご入会いただけます。

ビデオで体験 校舎のビデオブースで体験視聴

TAC各校のビデオブースで、講義を無料でご視聴いただけます。(要予約)

各校のビデオブースでお好きな講義を視聴できます。視聴前日までに視聴する校舎受付までお電話にてご予約をお願い致します。

ビデオブース利用時間 ※日曜日は④の時間帯はありません。

① 9:30 ~ 12:30 ② 12:30 ~ 15:30
③ 15:30 ~ 18:30 ④ 18:30 ~ 21:30

※受講可能な曜日・時間帯は一部校舎により異なります。
※年末年始・夏期休業・その他特別な休業以外は、通常平日・土日祝祭日にご覧いただけます。
※予約時にご希望日とご希望時間帯を合わせてお申込みください。
※基本講義の中からお好きな科目をご視聴いただけます。(視聴できる科目は時期により異なります)
※TAC提携校での体験視聴につきましては、提携校各校へお問合せください。

Webで体験 スマートフォン・パソコンで講義を体験視聴

TACホームページの「TAC動画チャンネル」で無料体験講義を配信しています。時期に応じて多彩な講義がご覧いただけます。

TAC ホームページ https://www.tac-school.co.jp/

※体験講義は教室講義の一部を抜粋したものになります。

(2021年7月現在)

書籍のご購入は

1 全国の書店、大学生協、ネット書店で

2 TAC各校の書籍コーナーで

資格の学校TACの校舎は全国に展開!
校舎のご確認はホームページにて

資格の学校TAC ホームページ
https://www.tac-school.co.jp

3 TAC出版書籍販売サイトで

CYBER BOOK STORE TAC出版書籍販売サイト

24時間 ご注文 受付中

TAC 出版 で 検索

https://bookstore.tac-school.co.jp/

新刊情報を いち早くチェック!

たっぷり読める 立ち読み機能

学習お役立ちの 特設ページも充実!

TAC出版書籍販売サイト「サイバーブックストア」では、TAC出版および早稲田経営出版から刊行されている、すべての最新書籍をお取り扱いしています。
また、無料の会員登録をしていただくことで、会員様限定キャンペーンのほか、送料無料サービス、メールマガジン配信サービス、マイページのご利用など、うれしい特典がたくさん受けられます。

サイバーブックストア会員は、特典がいっぱい!(一部抜粋)

通常、1万円(税込)未満のご注文につきましては、送料・手数料として500円(全国一律・税込)頂戴しておりますが、1冊から無料となります。

専用の「マイページ」は、「購入履歴・配送状況の確認」のほか、「ほしいものリスト」や「マイフォルダ」など、便利な機能が満載です。

メールマガジンでは、キャンペーンやおすすめ書籍、新刊情報のほか、「電子ブック版TACNEWS(ダイジェスト版)」をお届けします。

書籍の発売を、販売開始当日にメールにてお知らせします。これなら買い忘れの心配もありません。

公務員試験対策書籍のご案内

TAC出版の公務員試験対策書籍は、独学用、およびスクール学習の副教材として、各商品を取り揃えています。学習の各段階に対応していますので、あなたのステップに応じて、合格に向けてご活用ください!

INPUT

『みんなが欲しかった!
公務員
合格へのはじめの一歩』

A5判フルカラー

●本気でやさしい入門書
●公務員の"実際"をわかりやすく紹介したオリエンテーション
●学習内容がざっくりわかる入門講義

・数的処理(数的推理・判断推理・
　空間把握・資料解釈)
・法律科目(憲法・民法・行政法)
・経済科目(ミクロ経済学・マクロ経済学)

『みんなが欲しかった!
公務員 教科書&問題集』

A5判

●教科書と問題集が合体!
でもセパレートできて学習に便利!
●「教科書」部分はフルカラー!
見やすく、わかりやすく、楽しく学習!

・憲法
・【刊行予定】民法、行政法

『新・まるごと講義生中継』

A5判
TAC公務員講座講師
郷原 豊茂 ほか

●TACのわかりやすい生講義を誌上で!
●初学者の科目導入に最適!
●豊富な図表で、理解度アップ!

・郷原豊茂の憲法
・郷原豊茂の民法Ⅰ
・郷原豊茂の民法Ⅱ
・新谷一郎の行政法

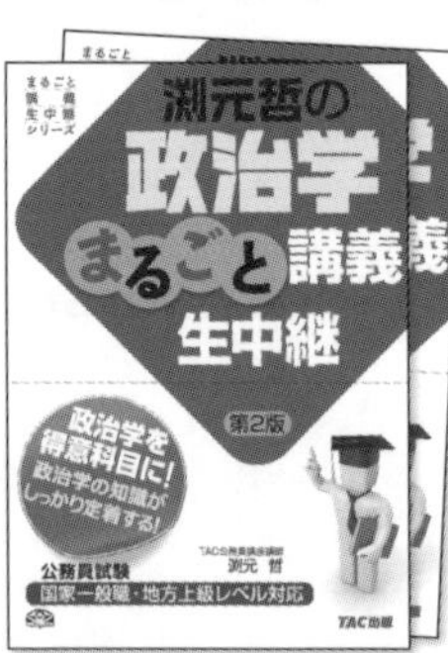

『まるごと講義生中継』

A5判
TAC公務員講座講師
渕元 哲 ほか

●TACのわかりやすい生講義を誌上で!
●初学者の科目導入に最適!

・郷原豊茂の刑法
・渕元哲の政治学
・渕元哲の行政学
・ミクロ経済学
・マクロ経済学
・関野喬のパターンでわかる数的推理
・関野喬のパターンでわかる判断整理
・関野喬のパターンでわかる
　空間把握・資料解釈

要点まとめ

『一般知識
出るとこチェック』

四六判

●知識のチェックや直前期の暗記に最適!
●豊富な図表とチェックテストでスピード学習!

・政治・経済
・思想・文学・芸術
・日本史・世界史
・地理
・数学・物理・化学
・生物・地学

記述式対策

『公務員試験論文答案集
専門記述』

A5判
公務員試験研究会

●公務員試験(地方上級ほか)の専門記述を攻略するための問題集
●過去問と新作問題で出題が予想されるテーマを完全網羅!

・憲法〈第2版〉
・行政法

書籍の正誤に関するご確認とお問合せについて

書籍の記載内容に誤りではないかと思われる箇所がございましたら、以下の手順にてご確認とお問合せをしてくださいますよう、お願い申し上げます。
なお、正誤のお問合せ以外の**書籍内容に関する解説および受験指導などは、一切行っておりません。**
そのようなお問合せにつきましては、お答えいたしかねますので、あらかじめご了承ください。

1 「Cyber Book Store」にて正誤表を確認する

TAC出版書籍販売サイト「Cyber Book Store」のトップページ内「正誤表」コーナーにて、正誤表をご確認ください。

CYBER BOOK STORE TAC出版書籍販売サイト

URL:https://bookstore.tac-school.co.jp/

2 1の正誤表がない、あるいは正誤表に該当箇所の記載がない ⇒ 下記①、②のどちらかの方法で文書にて問合せをする

★ご注意ください★

お電話でのお問合せは、お受けいたしません。
①、②のどちらの方法でも、お問合せの際には、「お名前」とともに、
「対象の書籍名(○級・第○回対策も含む)およびその版数(第○版・○○年度版など)」
「お問合せ該当箇所の頁数と行数」
「誤りと思われる記載」
「正しいとお考えになる記載とその根拠」
を明記してください。
なお、回答までに1週間前後を要する場合もございます。あらかじめご了承ください。

① ウェブページ「Cyber Book Store」内の「お問合せフォーム」より問合せをする

【お問合せフォームアドレス】

https://bookstore.tac-school.co.jp/inquiry/

② メールにより問合せをする

【メール宛先　TAC出版】

syuppan-h@tac-school.co.jp

※土日祝日はお問合せ対応をおこなっておりません。
※正誤のお問合せ対応は、該当書籍の改訂版刊行月末日までといたします。

乱丁・落丁による交換は、該当書籍の改訂版刊行月末日までといたします。なお、書籍の在庫状況等により、お受けできない場合もございます。
また、各種本試験の実施の延期、中止を理由とした本書の返品はお受けいたしません。返金もいたしかねますので、あらかじめご了承くださいますようお願い申し上げます。

TACにおける個人情報の取り扱いについて
■お預かりした個人情報は、TAC(株)で管理させていただき、お問合せへの対応、当社の記録保管にのみ利用いたします。お客様の同意なしに業務委託先以外の第三者に開示、提供することはございません(法令等により開示を求められた場合を除く)。その他、個人情報保護管理者、お預かりした個人情報の開示等及びTAC(株)への個人情報の提供の任意性については、当社ホームページ(https://www.tac-school.co.jp)をご覧いただくか、個人情報に関するお問い合わせ窓口(E-mail:privacy@tac-school.co.jp)までお問合せください。

(2022年7月現在)